Du bist als Original geboren, stirb nicht als Kopie!

JOHN MASON

ADULLAM

Originally published in English by
Insight International
P.O. Box 54996
Tulsa, Oklahoma 74155
USA
under the title:
You're Born An Original, Don't Die A Copy by John Mason

Adullam Verlag
St.-Ulrich-Platz 8
85630 Grasbrunn

ISBN 3-931484-12-2

Bestellungen an oben stehende Adresse richten.

2. Auflage, Januar 2003

Available in other languages from:
Access Sales International (ASI)
P.O. Box 700143
Tulsa, OK 74170-0143
USA
Fax 001 918 496 28822

Alle Bibelzitate wurden, wenn nicht anderweitig gekennzeichnet,
der Revidierten Elberfelder Bibel,
R. Brockhaus Verlag Wuppertal, Ausgabe 1992, entnommen.

Übersetzung: Jutta Sprycha
Umschlag: Anne Dittrich, Druckerei Mißbach
Satz und Umbruch: Adullam Verlag
Druck: Holzmann Druck, Bad Wörishofen
Lektorat: Stefanie Ecker M.A.

INHALT

Widmung

Ich bin stolz darauf, dieses Buch meiner wunderbaren Frau Linda und unseren vier großartigen Kindern Michelle, Greg, Mike und Dave zu widmen.

Einen Dank an Linda, weil sie für mich gebetet, mit mir übereingestimmt und mich ermutigt hat.
Michelle ein Dank für ihre Ideen,
Greg für seine Geduld,
Mike für seine Liebe zur Schöpfung Gottes
und Dave für seine Lebensfreude.

Ohne ihre Liebe, ihre Unterstützung und ihre Originalität wäre dieses Buch niemals zustande gekommen.

DANKSAGUNG

Man kann unmöglich ein Buch wie dieses schreiben, wenn man keine „göttlichen Beziehungen“ hat. Mein besonderer Dank gilt drei außergewöhnlichen Originalen:

Mike Loomis, der mich mehr als irgendjemand anders ermutigt hat, als Original zu leben, in die Zukunft zu blicken und dieses Buch zu Ende zu bringen.

Tim Redmond, dessen Worte sich immer positiv auf mich auswirken und einen starken Eindruck hinterlassen. Es ist mir eine Ehre, ihn einige Male in dem vorliegenden Buch zu zitieren.

Tom Winters, dessen Leben mich dahingehend beeinflusst hat, ein Mann zu sein, der Charakter und Integrität besitzt.

Einführung

Ein ganz großer Segen in meinem Leben ist das Vorrecht, jedes Jahr mehrmals im ganzen Land als Sprecher dienen zu können. Dies bringt mit sich, dass ich eine beträchtliche Menge Zeit auf irgendwelchen Flughäfen verbringe. Wenn ich durch die Terminals gehe, macht es mich immer wieder betroffen, wenn ich die Massen von Menschen sehe, die umherhetzen, um nach nirgendwo zu gelangen. Mein Herz streckt sich nicht nur nach diesen Menschenmengen aus, sondern auch zu einigen einzelnen Personen.

Am liebsten würde ich sie aufhalten und fragen: „Ist Ihnen bewusst, dass Gott einen einzigartigen Plan für Ihr Leben hat? Wussten Sie schon, dass Er Sie dafür völlig ausgerüstet hat? Sind sie sich bewusst, dass sein Bestes ein friedvolles, zufriedenes und von Liebe erfülltes Leben im Überfluss ist?“

Aus diesem Grund habe ich dieses Buch geschrieben: erstens, um gegen die Durchschnittlichkeit anzugehen, die dazu führt, dass wir alles andere als den Willen Gottes tun, und zweitens, um die Gaben anzufachen, die Er in dich gelegt hat!

Ich bin mir bewusst, dass du mir eines deiner kostbarsten Güter anvertraut hast, deine Zeit. Ich verspreche, ich werde mein Bestes tun, um jede Minute, die wir gemeinsam verbringen, gut auszunutzen. Aus diesem Grund habe ich 52 wertvolle Wahrheiten in dieses Buch hineingepackt, wie ich es bereits in meinem ersten Buch *Ein Feind, den man Durchschnitt nennt* getan habe. Du musst nicht erst zehn Seiten lesen, um zum ersten Punkt zu gelangen; du wirst auf einer einzigen Seite allein schon zehn Punkte finden.

Während du dieses Buch liest, ist mein Gebet für dich, dass Gott dir seinen Plan offenbart und in dir anfacht, was Er in dich hineingelegt hat, und nicht zuletzt, dass Er dich dazu motiviert, den großartigen Plan, den Er für dein Leben hat, anzunehmen.

Schau in dich hinein

KOSTBARE WAHRHEIT NR. 1

Welche herausragenden Generalisten kennst du?

Wie viele herausragende Menschen mit einzigartigen und besonderen Eigenschaften kennst du? Sei kein lebendiger Pudding! Was Eric Hoffer sagt, stimmt: „Wenn Menschen die Freiheit haben zu tun, was ihnen gefällt, dann ahmen sie einander gewöhnlich nach." Der Mensch ist das einzige Wesen der Schöpfung, das sich weigert, es selbst zu sein.

Suche nicht nur woanders nach Wundern. Du selbst bist ein Wunder! Du bist „auf eine erstaunliche, ausgezeichnete Weise gemacht" (Ps. 139, 14). Bewundere nicht andere Menschen und versuche nicht sie nachzuahmen. Niemand kann so gut „du" sein wie du! Wenn du deine Talente voll einsetzt, sagt man von dir, du seist begabt. Wenn du die Erfolgsleiter hinaufklettern willst, ist eines der schwierigsten Dinge, dich durch die Menge der Nachahmer zu kämpfen.

Du bist ein Spezialist! Du bist nicht dazu geschaffen, alles für jeden zu sein. Über 90 Prozent aller Blumen verströmen einen unangenehmen oder gar keinen Duft. Und doch sind es die, die lieblich duften, an die wir uns erinnern. Falle auf! „Dem Weg des geringsten Widerstands zu folgen verleiht Menschen und Flüssen Biegungen", sagt Larry Bielat. Zu viele Menschen haben aus ihrem Leben einen Friedhof gemacht, weil sie ihre Talente und Begabungen begraben haben.

Ein Nachahmer passt sich dem weltlichen System an, doch ein Original versucht die Welt an sich anzupassen. „Kopiere nicht die weltlichen Verhaltensmuster, sondern sei in allem, was du tust und denkst, erfrischend, neuartig und anders. Dann wirst du aus eigener Erfahrung lernen, wie dich seine Wege wirklich zufrieden machen" (Röm. 12, 2; aus der *Living Bible* übersetzt).

Es ist keine Mehrheit nötig, um eine Veränderung herbeizuführen – man braucht lediglich einige entschlossene Originale und einen guten Grund. Du bist in der ganzen Schöpfung der einzige Mensch, der mit deiner Kombination von Fähigkeiten ausgestattet ist. Du bist etwas Besonderes – du bist eine Seltenheit. Und alles, was selten ist, besitzt besonderen Wert. Du bist nicht unbedeutend; du bist kostbar und wertvoll. Gott liebt dich so, wie du bist, doch Er liebt dich zu sehr, um dich so zu lassen, wie du bist.

„Hätte Hamlet von einem Literaturausschuss geschrieben oder Mona Lisa von einem Kunstverein gemalt werden können? Hätte das Neue Testament als Konferenzbericht verfasst werden können? Kreative Ideen kommen meist nicht in Gruppenarbeit zustande. Sie kommen von einzelnen Leuten. Der göttliche Funke springt vom Finger Gottes auf den Finger Adams über“, sagte A. Whitney Griswold.

Ein Original ist zwar schwer zu finden, aber leicht zu erkennen. Gott führt jeden Menschen auf ganz individuelle Weise. Es gibt keine Vorgänger: Du bist das erste „Du“, das es gibt. Die Finsternis dieser Welt reicht nicht aus, um das Licht auszulöschen, mit dem Gott dich erfüllt hat.

DU BIST EIN ORIGINAL.

KOSTBARE WAHRHEIT NR. 2

DIE LEIDENSCHAFT IST DER FUNKE FÜR DEINE ZÜNDSCHNUR.

Gott hat in jeden Menschen die Fähigkeit gelegt, leidenschaftlich zu sein. Ein leidenschaftlicher Mensch übertrifft 99 passive Menschen, die nur ein Interesse haben. Zu viele Menschen haben nur „ein gewisses Interesse" an ihrer Bestimmung. In Prediger 9, 10 heißt es: „Alles, was deine Hand zu tun findet, das tue in deiner Kraft."

Jeder liebt irgendetwas. Das, was wir lieben, prägt und motiviert uns, es ist unsere Leidenschaft. Wenn du das ignorierst, was deine Leidenschaft entfacht, dann unterdrückst du eines der größten Potenziale, das Gott in dich hineingelegt hat. Ohne Leidenschaft wurde noch nie etwas erreicht, was von Bedeutung gewesen wäre. Jesus war ein leidenschaftlicher Mann. Er starb für uns, weil Er uns leidenschaftlich liebt.

Die meisten Sieger sind ehemalige Verlierer, die Leidenschaft entwickelt haben. Das Schlimmste, was es auf der Welt gibt, ist ein Mensch, der seine Begeisterung und seine Leidenschaft verloren hat. Wenn man Glauben mit Leidenschaft verbindet, wird er zu einer festen Überzeugung. Und es gibt einen großen Unterschied zwischen Glauben und einer Überzeugung. Der Glaube stimmt mit den Fakten überein. Wenn man dagegen von etwas überzeugt ist, setzt man seinen Glauben beharrlich in die Tat um.

Wenn dich eine leidenschaftliche Überzeugung antreibt, kannst du mit deinem Leben alles tun, was du willst – nur eines nicht, nämlich die Sache aufgeben, für die du entbrannt bist. Mein Freund Murdock sagte: „Das, was Leidenschaft und Eifer in dir weckt, ist ein Hinweis auf deine Berufung. Was du gerne machst oder hast, deutet darauf hin, was in dir steckt."

Den Plan Gottes für dein Leben zu erfüllen ist entweder deine Leidenschaft oder es ist dir gleichgültig. Wir sollen dem Herrn, unserem Gott, dienen mit unserem ganzen Herzen und unserer ganzen Seele (siehe 5. Mo. 10, 12). „Ohne Leidenschaft ist der Mensch nur eine verborgen gehaltene Kraft und eine Möglichkeit, vergleichbar mit einem Feuerstein, der auf den Schlag des Eisens wartet, um seine Funken versprühen zu können", sagte Henri Frederic Ameil. Pessimismus hat noch nie eine Schlacht gewonnen. „Es gibt viele Dinge, die meine Aufmerksamkeit erregen, aber nur sehr wenige gewinnen mein Herz ... doch gerade sie sind es, die ich in Betracht ziehe und verfolge", sagte Tim Redmond.

ERLAUBE DER LEIDENSCHAFT IN DIR ZU ENTBRENNEN UND DICH DEINER BERUFUNG ENTGEGENZUFÜHREN.

KOSTBARE WAHRHEIT NR. 3

FRAGEN

„Wer hat das gesagt?“, ist eine sehr wichtige Frage, die wir jedes Mal stellen sollten, bevor wir irgendetwas glauben.

Machst du Versprechungen oder gehst du Verpflichtungen ein?

Schließt du Freundschaften, bevor du sie brauchst?

Hast du den Eindruck, Gott sei weit weg? Wenn ja, rate mal, wer sich entfernt hat?

Wer bestimmt, wie deine Welt aussieht?

Hast du einen starken Willen oder bist du pessimistisch?

Hast du, nachdem du das letzte Mal versagt hast, aufgehört es zu versuchen – oder hast du versagt, weil du aufgehört hast, es zu versuchen?

Wie ist es, dein Freund zu sein?

Wie ist es, mit dir zu arbeiten?

Sorgst du für deinen Lebensunterhalt oder für deinen Lebensinhalt?

Wenn die zukünftigen Generationen im Hinblick auf ihre geistliche Erkenntnis von dir abhängig wären, was würden sie erhalten?

Riskierst du genug, um deinen Glauben an Gott in die Tat umzusetzen?

Sagst du am Sonntag: „Mein Vater“, und verhältst dich den Rest der Woche, als ob du ein Waisenkind wärst?

Bist du bereit, das zu predigen, was du lebst?

Wirst du durch Versagen entmutigt oder noch entschlossener?

Existierst du oder lebst du?

Ist Gott deine Hoffnung oder deine Ausrede?

Was bestimmt deinen Tagesablauf?

In wie vielen Menschen hast du das Verlangen geweckt, Gott besser kennen zu lernen?

Ist dein Auftrag auf der Erde bereits ausgeführt?

Wie viele glückliche Egoisten kennst du?

Wie viele Leute kennst du, die in einer Sache erfolgreich sind, die sie hassen?

Welche Kraft ist zu Größerem fähig als die Liebe?

„Sollte dem Herrn etwas unmöglich sein?" (1. Mo. 18, 14; *Luther*).

Wenn es strafbar wäre, freundlich zu sein, gäbe es dann genügend Beweismittel, um dich schuldig zu sprechen?

Was ist schlimmer als nicht im Willen Gottes zu sein?

KOSTBARE WAHRHEIT NR. 5

VON DIESEM KAPITEL AUS KANNST DU GEHEN, WOHIN DU MÖCHTEST.

Weißt du, was dieses Kapitel kennzeichnet? Dieses Kapitel ist das Sprungbrett für deine Zukunft. Von hier aus kannst du gehen, wohin du möchtest.

Gott hat in jeden von uns das Potenzial und die Möglichkeit gelegt, erfolgreich zu sein. Es kostet ebenso viel Mühe, ein schlechtes Leben zu führen wie ein gutes. Trotzdem landen zahlreiche Menschen in einem Gefängnis, das sie sich selbst gebaut haben – und zwar einfach nur deshalb, weil sie nie einen Entschluss gefasst haben, was sie aus ihrem Leben machen wollen. Es kostet in jedem Fall mehr, den Willen Gottes nicht zu tun, als ihn zu erfüllen. Tatsächlich ist es so, dass „viele Leute schlechte Entscheidungen treffen und es dann Schicksal nennen" (Kin Hubbard).

In der Bibel heißt es: „Wenn keine Offenbarung (*King James Version*: „Vision") da ist, verwildert das Volk …" (Spr. 29, 18). Das hat Gott nicht für dich geplant. Unzufriedenheit und Entmutigung entsteht nicht dort, wo es an Dingen mangelt, sondern dort, wo es keine Offenbarung gibt.

Wenn du ein Original bist und dich an Gottes Plan hältst, wirst du leuchten wie ein Stern am Firmament. Kopien dagegen sind so düster wie die Dunkelheit, die sie umgibt. Einem Menschen, der sich seiner Berufung bewusst ist, kann man eine strahlende Zukunft voraussagen. Die schwerste Last des Lebens trägt der, der für nichts verantwortlich ist. Das Ziel, für das jemand lebt, und der Preis, den er bereit ist, dafür zu bezahlen, bestimmen, wie bedeutungsvoll dieser Mensch ist. Worauf du dein Herz richtest, wird entscheiden, wie du dein Leben führst.

Nimm die Träume und Hoffnungen, die Gott dir für dein Leben gegeben hat, nicht auf die leichte Schulter. Hege und pflege sie, denn sie sind wie deine Kinder. „Es ist besser, für etwas zu sterben als für nichts zu leben", sagt Dr. Bob Jones sen. Ein Mensch ohne Prinzipien wird kein großes Interesse wecken.

Für ein Schiff ohne Ziel spielt es keine Rolle, aus welcher Richtung der Wind bläst. Ein Mensch ohne Überzeugungen ist wie ein Schiff ohne Ruder. Die meisten Leute haben zu viele Meinungen und zu wenig Überzeugungen. Gott würde kein Verlangen in dich legen, wenn Er nicht die Absicht hätte, es auch zu stillen. Wir misstrauen unserem Herzen zu viel und unserem Verstand zu wenig. Solange du dich von Gott, der dein Freund ist, führen lässt, brauchst du dir keine Sorgen wegen deiner Feinde zu machen. Nicht der Mann, der gute Absichten hat, sondern der Mann, der ein Ziel hat, wird es schaffen. „Seine Berufung hält den Menschen am Leben" (*The Sunday School*).

LEG LOS!!

KOSTBARE WAHRHEIT NR. 6

Du bist wie ein Teebeutel – zu nicht viel zu gebrauchen, bis er in heisses Wasser getaucht wird.

Hast du schon einmal versagt oder einen Fehler gemacht? Gut, dann ist diese Wahrheit für dich. Die Tatsache, dass du schon einmal versagt hast, beweist, dass du noch nicht am Ziel angelangt bist. Fehlschläge und Versagen können eine Brücke zum Erfolg sein, sie müssen kein Hindernis darstellen.

In Psalm 37, 23–24 heißt es: „Vom Herrn her werden eines Mannes Schritte gefestigt, und seinen Weg hat er gern; fällt er, so wird er doch nicht hingestreckt, denn der Herr stützt seine Hand." Ein Versagen mag wie eine endgültige Tatsache aussehen, doch eigentlich ist es eine Gelegenheit. Wichtig ist nicht, wie tief du gefallen bist; wie hoch du zurückfederst, ist entscheidend!

Theodore Roosevelt hat gesagt: „Es ist weitaus besser, Großartiges zu wagen und glorreiche Siege zu erringen, selbst wenn man dabei gelegentlich versagt, als sich unter diese bedauernswerten Menschen einzureihen, die weder große Freude erleben noch viel erleiden, weil sie in der nebligen Grauzone leben, in der es weder Sieg noch Niederlage gibt." Eines der größten Risiken im Leben, das du auf dich nehmen kannst, ist, zu viele Vorsichtsmaßnahmen zu treffen und weder Fehler noch Versagen zu kennen.

Nennenswerte Erfolge wurden noch niemals von jemandem errungen, der nicht irgendwann einmal am Rande einer Katastrophe stand. Wenn du etwas versucht und dabei versagt hast, bist du sehr viel weiter, als wenn du keinen Versuch unternommen hättest und dabei außerordentlich erfolgreich gewesen wärst. Einem fehlerlosen Menschen muss es vom Nichtstun entsetzlich langweilig sein. Wenn du keine Fehler machst, riskierst du nicht genug!

Um erfolgreich zu sein, muss man nur einmal mehr aufstehen, als man hingefallen ist. „Man ertrinkt nicht, weil man ins Wasser gefallen ist, aber wenn man in ihm bleibt", sagte der Autor Edwin Louis Cole. Also, steh auf und geh weiter! In Sprüche 28, 13 heißt es: „Wer seine Verbrechen zudeckt, wird keinen Erfolg haben; wer sie aber bekennt und läßt, wird Erbarmen finden."

Wegen eines groben Fehlers muss dein Traum noch lange nicht sterben. Dagegen stellen Gleichgültigkeit und Apathie sein Todesurteil dar. Die beste Art und Weise, mit Versagen umzugehen, ist die Lektion daraus zu lernen und die Einzelheiten zu vergessen.

Ein Fehler kann dir zur Last werden oder er kann dir Flügel verleihen. Die einzige Möglichkeit für ein Comeback ist weiterzumachen. Wenn die genauen Daten bekannt wären, wüssten wir, dass 99 Prozent aller Erfolge Versagen vorausgeht.

Es gibt einen altes englisches Gedicht, in dem es heißt:

„Erfolg ist Versagen umgekehrt,
ein Silberstreifen am Horizont des Zweifels.
Du weißt nie, wie nah dran du bist.
Er kann ganz nah sein, obwohl er weit weg erscheint.
Deshalb kämpfe weiter, wenn du am härtesten getroffen wirst;
gerade dann, wenn es am schlimmsten aussieht,
darfst du nicht aufgeben."

(Unbekannt)

ES GIBT VERSAGEN IN DEINEM LEBEN, ÜBER DEM IN GOLDBUCHSTABEN „ERFOLG" GESCHRIEBEN STEHT.

KOSTBARE WAHRHEIT NR. 7

Du wirst nie den Sonnenaufgang sehen, wenn du nach Westen schaust.

Entscheidend beim Empfangen ist deine Ausgangsposition. Wenn du dich beim Lesen dieses Buch beispielsweise darauf einstellst, etwas zu empfangen, indem du zum Herrn sagst: „Ich werde das tun, was du mir zeigst!", dann wirst du mehr Nutzen daraus ziehen, als wenn du es nur liest, um motiviert oder inspiriert zu werden. Eine Tat entspringt nicht automatisch einem Gedanken, sondern aus der Bereitwilligkeit, Verantwortung zu übernehmen. Stelle dich darauf ein, Verantwortung zu tragen!

Ich kenne viele Menschen, die äußerst aufnahmebereite Schüler waren und doch nie selber kreativ wurden. „Augen, die sehen, sind nichts Außergewöhnliches. Augen, die wahrnehmen, sind dagegen selten", sagt J. Oswald Sanders. Das Problem ist, dass wir mit Informationen überfüttert werden und uns gleichzeitig nach Offenbarungserkenntnis hungert.

Dinge abzulehnen oder anzunehmen sind Entscheidungen, die wir jeden Tag treffen müssen. Nichts stirbt schneller als eine neue Idee, wenn sie auf einen engstirnigen Menschen trifft. Es ist unmöglich, dass ein Mensch etwas lernt, was er bereits zu wissen glaubt. Ich glaube, dass Jesus den Pharisäern so stark zusetzte, weil sie sich weigerten, Dinge anzunehmen.

Bereitwilligkeit ist deine herausragendste Fähigkeit. Der Teufel zittert, wenn er Gottes schwächsten Diener sagen hört: „Ja, Herr, ich werde es tun!" Wenn du auf Gott schaust, wendest du dem Teufel den Rücken zu. Erlaube niemals, dass irgendetwas anderes als der Glaube dein Leben beherrscht!

Unser Leben mit Gott beginnt mit dem Wort *folge!* und endet mit dem Wort *gehe!*. Die Gelegenheiten, die Gott schickt, werden Schlafende nicht wachrütteln. „Die kniende Haltung ist für den Sämann genau die richtige Position“, sagt Brooks Atkinson. Der Christ, der kniet, sieht mehr als die ganze Welt auf Zehenspitzen.

Gelegenheiten fallen dir nur dort in den Schoß, wo es Gelegenheiten herabregnet. Wenn du dich nicht in die richtige Ausgangsposition bringst, um zu empfangen, ist es so, als ob du um einen Hektoliter betest und nur einen Becher bereithältst. Bete nicht um Regen, wenn du dich anschließend über den Schlamm beschwerst.

Es ist typisch für uns, dass wir die Dinge nicht so sehen, wie sie sind, sondern wie wir sind. Je nach eingenommener Position werden wir das Wirken Gottes überall oder nirgends erleben. Häufig sind wir in unserer Denkweise festgefahren. Weil wir auf rot fixiert sind, übersehen wir blau; wir sind auf morgen eingestellt, und Gott meint die Gegenwart; wir suchen überall und die Antwort ist direkt vor unserer Nase.

Wenn jemand die richtige Ausgangsposition eingenommen hat, ist er bereit, alles anzunehmen, was Gott für ihn hat.

BEGIB DICH IN EMPFANGSPOSITION.

KOSTBARE WAHRHEIT NR. 8

EIN MENSCH MIT FANTASIE IST NIE ALLEIN UND NIE AM ENDE.

Du bist dafür geschaffen, kreativ zu sein. Deine Augen halten Ausschau nach Gelegenheiten, deine Ohren horchen auf Anweisung, dein Verstand verlangt nach Herausforderungen und dein Herz sehnt sich nach den Wegen Gottes.

Mache täglich Gebrauch von deiner Kreativität! Jede große Sache hat einmal als Träumerei begonnen. Alle Menschen, die Pläne in die Tat umsetzen, sind zunächst einmal Träumer. Das Wunderbare an der Fantasie ist, dass sie die Macht hat, ihr eigenes Feuer zu entzünden! Fähigkeit ist eine Flamme, Fantasie ist ein Feuer. Ein Original betrachtet Dinge aus einer neuen Perspektive. Im Gegensatz zu einem Flugzeug kann deine Fantasie Tag und Nacht und unter allen Umständen abheben. Lass sie fliegen!

In 1. Korinther 2, 16 heißt es: „... Wir aber haben Christi Sinn." Weißt du denn nicht, dass wir auch mit einem Teil seiner Kreativität ausgestattet worden sind?

Ein Genie ist jemand, der auf ein Ziel schießt, das außer ihm niemand sieht, und es trifft. „Man hat uns beigebracht, nie eine Brücke überqueren zu können, bevor wir sie erreichen, doch diese Welt gehört Menschen, die in ihrer Vorstellung 'Brücken überqueren', lange bevor es andere tun" (*Speakers Library*). Wir sollten die Zukunft im Auge behalten und handeln, bevor sie eintrifft.

Oftmals ist der Grund für unser Handeln, oder aber für unsere Tatenlosigkeit, nicht unsere Willenskraft, sondern unsere Fantasie. Deine Träume geben dir einen Hinweis auf deine potenzielle Größe, und du erkennst eine Idee, die von Gott kommt, daran, dass sie Offenbarungscharakter besitzt.

Großmutter sah, wie Billy ums Haus rannte und sich dabei immer wieder selbst einen Klaps gab. Als sie ihn fragte, warum er das täte, antwortete Billy: „Das Spazierengehen ist mir zu langweilig geworden, da dachte ich, ich reite eine Zeitlang auf meinem Pferd."

Eines Tages sah Michelangelo einen Marmorblock, von dem sein Besitzer behauptete, er sei wertlos. „Für mich ist er kostbar", entgegnete Michelangelo. „Es ist ein Engel darin gefangen, und ich muss ihn befreien."

Es mag sein, dass andere Leute klüger sind, mehr Bildung und mehr Erfahrung besitzen als du, doch man kann es keinem einzigen Menschen verwehren, Träume, Wünsche und Ziele zu haben. Aus einer einzigen Idee, so klein wie eine Eichel, können Wälder mit Tausenden von Möglichkeiten entstehen. „Ohne eine Vision wird kein Mensch jemals mit großer Hoffnung erfüllt oder ein bedeutungsvolles Unternehmen in Angriff nehmen", hat Woodrow Wilson einmal gesagt.

Die Bibel sagt: „Wenn keine Offenbarung da ist, verwildert ein Volk" (Spr. 29, 18). Wenn du ein fantasieloser Mensch bist, wirst du mit deinem Leben nicht das erreichen, wozu es bestimmt ist. Ein Traum ist eines der aufregendsten Dinge, die es gibt. Dein Herz besitzt Augen, mit dem dein Verstand nicht sieht. Du bist mehr als eine leere Flasche, die gefüllt werden soll. Du bist eine Kerze, die angezündet werden muss. Entfache das Feuer deiner Fantasie!

IN DIR WARTET EINE KREATIVE IDEE AUF IHRE BEFREIUNG.

KOSTBARE WAHRHEIT NR. 9

Entscheidungen bestimmen dein Schicksal.

Die Bibel sagt, dass ein wankelmütiger Mann in allen seinen Wegen unbeständig ist (Jak. 1, 8). Ich kenne Menschen, die in ihrem Denken nicht nur hin- und herwanken, sondern innerlich völlig gespalten sind – wie immer man das nennen mag. Das Problem ist nicht die Verschiedenartigkeit von Menschen, sondern ihre Gleichgültigkeit. Es scheint fast so, als ob überall um uns herum Narren wie Pilze aus dem Boden schießen. Zu viele Menschen leben als Versager, ohne es jemals zu bemerken.

Gott möchte, dass wir die entschlossensten Menschen sind, die es auf der Erde gibt. Warum hat Er uns sein Wort und den Heiligen Geist gegeben? Damit wir das Leben mit Entschlossenheit meistern können! Wie kann der Herr jemanden führen, wenn er sich nicht für einen Weg entscheiden kann? Wir alle sind schuldig, Gelegenheiten zum Gutestun nicht wahrgenommen zu haben. „Der Durchschnittsmensch weiß nicht, was er mit seinem Leben anfangen soll, und trotzdem will er ewig leben", sagte Anatold France.

Die unglücklichsten Leute sind diejenigen, die sich nie zu einer Entscheidung durchringen können. Von einem Unentschlossenen kann man nicht behaupten, dass er Herr der Lage ist. Wenn du keine Entscheidung triffst, wird sie ein anderer für dich treffen! Wenn du andere für dich entscheiden lässt, wirst du kein Wachstum erfahren. Ein unentschlossener Mensch ist wie ein Blinder, der in einem dunklen Zimmer nach einer schwarzen Katze sucht, die es nicht gibt.

Der Teufel ist der Einzige, der einen neutral eingestellten Menschen gebrauchen kann. Jesus sagte in Matthäus 12, 30: „Wer nicht mit mir ist, ist gegen mich, und wer nicht mit mir sammelt, zerstreut." Keine Entscheidung zu treffen ist auch eine Entscheidung. Es bedarf keiner Entscheidung, um in die Hölle zu gehen. „Misstraue einem Menschen, der alles gut findet, und einem Menschen, der alles böse findet, aber mehr noch misstraue einem Menschen, dem alles gleichgültig ist", sagt Larry Bielat.

Tritt allen Problemen und Gelegenheiten in deinem Leben mit Entschlossenheit entgegen. Große Talente können verloren gehen wegen einer kleinen Entscheidung, die nicht getroffen wurde. „Entscheidungsfähigkeit ist wie ein scharfes Messer, das sauber und gerade schneidet. Unentschlossenheit dagegen ist wie eine stumpfe Klinge, die zerstückelt und zerreißt und nur unsaubere Ränder zurücklässt", sagt Gordon Graham.

Glaube erfordert eine Entscheidung, bevor er wirksam werden kann. Jede Errungenschaft, sei sie nun groß oder klein, beginnt mit einer Entscheidung. Nicht alles, womit man konfrontiert wird, kann verändert werden, doch nichts kann verändert werden, wenn man es nicht konfrontiert.

Wenn du unentschlossen bist, stehst du auf falschem Fundament und wirst nicht wissen, was du tun sollst. Die Bibel sagt: „... Glaubt ihr nicht, dann bleibt ihr nicht!" (Jes. 7, 9). „Denn auch wenn die Posaune einen undeutlichen Ton gibt, wer wird sich zum Kampf rüsten?" (1. Kor. 14, 8).

Falls du weiterhin unentschlossen bleibst, wirst du niemals wachsen. Um weiterzukommen musst du dich entscheiden, wohin du gelangen möchtest. Entscheidungen bestimmen dein Schicksal.

WELCHE WICHTIGE ENTSCHEIDUNG MUSST DU TREFFEN?

KOSTBARE WAHRHEIT NR. 10

FANGE MIT DEM AN, WAS DU HAST, UND NICHT MIT DEM, WAS DU NICHT HAST.

Was du benötigst, um deine Zukunft zu gestalten, hat Gott dir bereits gegeben. Und doch erwischen die meisten von uns sich selbst dabei, zu sagen: „Wenn ich nur dies hätte ... wenn es nur anders wäre ... wenn ich nur mehr Geld hätte, dann könnte ich tun, was Gott mir aufgetragen hat." Dabei ignorieren wir die ganze Zeit das Saatgut, das Gott in uns gelegt hat. Der Mensch neigt dazu, die Wichtigkeit dessen überzubewerten, was er nicht hat. Gott wird niemals etwas von dir verlangen, was du Ihm nicht geben könntest. Er möchte, dass du mit dem anfängst, was Er dir gegeben hat.

Lass dich nicht von dem, was du nicht tun kannst, davon abhalten, zu tun, was du tun kannst. Wer zu lange untätig herumsitzt, verpasst den Moment für Initiative. In den Augen des Wankelmütigen ist alles unmöglich, weil es so den Anschein hat. Warte nicht auf außergewöhnliche Gelegenheiten, um Gutes zu tun; nütze alltägliche Situationen! Wir brauchen nicht mehr Kraft, mehr Fähigkeiten oder bessere Gelegenheiten; wir müssen von dem Gebrauch machen, was wir haben.

„Dass nur Fernes und Schwieriges seinen Reiz hat, ist ein Trugschluss. Großartige Gelegenheiten liegen direkt vor deinen Füßen", sagte John Burroughs. Den einzigen Einfluss, den du auf deine Zukunft ausüben kannst, geschieht durch das, was du jetzt tust. Wahre Größe zeigt sich darin, dass man im Kleinen großartig ist. Beklage dich nicht, weil du nicht das hast, was du möchtest; sei dankbar dafür, dass du nicht das bekommst, was du verdient hast. „‚Wir müssen etwas unternehmen', wird einmütig der Refrain gesungen. ‚Fang du an', ist die zunichte machende Antwort", sagte Walter Dwight.

Niemand kann glücklich werden, bevor er nicht gelernt hat, von dem Gebrauch zu machen, was er hat, und sich keine Sorgen darüber zu machen, was er nicht hat. Glück werden diejenigen nie erleben, die nicht das zu schätzen wissen, was sie bereits haben. Die meisten machen den Fehler, dass sie in der Ferne nach Dingen Ausschau halten, die sich direkt vor ihrer Nase befinden.

Du wirst niemals auch nur irgendetwas zustande bringen, wenn du nicht anfängst, etwas in Angriff zu nehmen, *bevor* du bereit bist. Noch nie hat jemand Erfolg gehabt, weil er zunächst abgewartet hat, bis alle Bedingungen „absolut günstig" waren. In Prediger 11, 4 heißt es: „Wer auf den Wind achtet, wird nie säen, und wer auf die Wolken sieht, wird nie ernten."

Verschwende keine Zeit mit zweifelnden und ängstlichen Gedanken darüber, was du nicht hast; investiere dich völlig in die vor dir liegende Aufgabe und halte dir vor Augen, dass die ordentliche Erledigung der gegenwärtigen Pflichten die beste Vorbereitung auf die kommenden Jahre darstellt. „Wachse dort, wo du eingepflanzt bist. Fange an zu weben und Gott wird dir das Garn geben" (Deutsches Sprichwort).

TU ES EINFACH ...
UND BENUTZE, WAS DU HAST.

KOSTBARE WAHRHEIT NR. 11

Eine Verzögerung bei deiner Berufung ist dem Teufel eine Freude.

Der wichtigste Augenblick in deinem Leben ist genau jetzt. Lass dich nicht durch Zögern oder Zaudern von deiner Berufung abbringen. Aufschub ist das Symptom, dem Angst zugrunde liegt. Wenn du die Erledigung deiner Pflichten aufschiebst, bereitest du dem Teufel viel Freude.

Geh sehr bedacht mit deiner Zeit um; sie ist dein größter Schatz. Ideen sind sehr kurzlebig – deshalb musst du handeln, bevor ihr Verfallsdatum abgelaufen ist. Verzögerungstaktik ist die Fähigkeit, mit gestern Schritt zu halten. „Selbst wenn du auf dem richtigen Weg bist – du wirst überrannt werden, wenn du nur dasitzt", sagt Arthur Godfrey. Wenn du etwas Einfaches aufschiebst, wird es schwierig, und wenn du etwas Schwieriges aufschiebst, wird es unmöglich.

Gehorsam ist Gottes Art der Versorgung für dein Leben. „Wenn ihr willig seid und hört, sollt ihr das Gute des Landes essen" (Jes. 1, 19). Wer gehorsam ist, wird gesegnet werden. Aufgeschobener Gehorsam ist Ungehorsam. Gehorsam bedeutet 'sofort'. Auf Entmutigung folgt immer die Entscheidung, mit dem Handeln erst einmal abwarten zu wollen.

Heute ist der beste Tag um anzufangen. Es ist immer zu früh fürs Aufhören. Oftmals sollen wir gar nicht erst verstehen, sondern einfach gehorsam sein. Der schnellste Weg, aus der Grube herauszukommen, ist, Gott zu gehorchen. Es gibt einen Grund dafür, dass Gott dir heute eine Idee gegeben hat. „Man muß Gott mehr gehorchen als Menschen" (Apg. 5, 29). Wenn du Menschen mehr gehorchst als Gott, bist du nicht in der Lage, Gott gegenüber sofort gehorsam zu sein. Sei sofort bereit zu gehorchen und zögere nicht, zu handeln! Die meisten Leute bräuchten einen Wecker, der klingelt, wenn es an der Zeit ist, eine Gelegenheit am Schopf zu packen.

Warum ergreifen wir Gelegenheiten nicht ebenso schnell, wie wir Schlussfolgerungen ziehen? Aufschub ist das Grab, in dem Gelegenheiten begraben werden. Jeder, der damit angibt, was er morgen tun wird, hat wahrscheinlich gestern dasselbe getan. Es gibt wenige Dinge, die gefährlicher für die Charakterbildung eines Menschen sind, als keine Aufgabe zu haben und eine Menge Zeit dazu. Zeit totzuschlagen ist nicht Mord, sondern Selbstmord. Zwei Dinge rauben einem Menschen den Seelenfrieden: unvollendete Arbeiten und Arbeiten, die noch nicht begonnen worden sind.

Nach reiflichen Überlegungen geht so manche Gelegenheit verloren. „Gute Vorsätze sind wie schreiende Babys in der Gemeinde; sie sollten sofort hinausgebracht werden", sagt Charles M. Sheldon. Nimm jedes Problem sofort in Angriff, sobald es auftaucht, denn je länger du es betrachtest, um so größer wird es. Je fauler jemand ist, desto mehr wird er morgen tun. Das Tragische am Leben ist nicht, dass es so früh endet, sondern dass wir so lange warten, bis wir damit anfangen.

SCHLAG NICHT DIE ZEIT TOT – MACH LIEBER DEM AUFSCHUB EIN ENDE.

KOSTBARE WAHRHEIT NR. 12

Es gibt keine unwichtigen Menschen.

Du bist nicht unbedeutend. Betrachte dein Leben niemals so, als ob Jesus nichts für dich getan hätte. Mache das Beste aus dir, denn das ist genau das, was Gott aus dir gemacht hat. Der häufigste und schlimmste Betrug ist Selbstbetrug. Wenn du absichtlich planst, weniger zu sein als das, wozu du fähig wärst, wirst du den Rest deines Lebens unglücklich sein.

Zu viele Leute fangen nie damit an, das zu tun, was Gott von ihnen erwartet, weil sie darauf warten, so singen zu können wie Sandi Patti, so predigen zu können wie Billy Graham oder so schreiben zu können wie Chuck Swindoll, bevor sie überhaupt anfangen. Gott wusste genau, was Er tat, als Er dich geschaffen hat. Benutze deine Talente! In den Wäldern wäre es sehr still, wenn nur die Vögel singen würden, die es am besten können.

Du bist dazu erschaffen worden, etwas zu erreichen. Das Potenzial für Größe ist in dich gelegt worden. Was ist Größe? Was ist Erfolg? Es bedeutet, das zu tun, was Gott von dir erwartet, und dort zu sein, wo Er dich haben möchte.

Christen sind neue Geschöpfe, keine reparierten Sünder. Vergiss niemals, dass Gott dich als Freund bezeichnet (siehe Apg. 15, 15). Was für eine unglaubliche Aussage! Er sagt außerdem, dass wir „auf eine erstaunliche, ausgezeichnete Weise gemacht“ sind (Ps. 139, 14).

Langsam begreifst du, dass Gott dich für einen bestimmten Zweck geschaffen hat. Er hat eine Aufgabe für dich, die niemand so gut ausführen kann wie du. Von Millionen Bewerbern ist nur einer qualifiziert, nur einer hat die entsprechende Ausstattung, die dafür erforderlich ist. Gott hat jedem das Maß des Glaubens gegeben, um das tun zu können, wozu Er den Einzelnen berufen hat. Jeder Mensch ist begabt.

Ein Mensch wird nie das sein, was er sein sollte, bis er tut, was er tun sollte. Gott macht uns nicht für das verantwortlich, was wir haben, sondern für das, was wir haben könnten; nicht für das, was wir sind, sondern für das, was wir sein könnten. Der Mensch ist in Gottes Augen dafür verantwortlich, das zu werden, was Gott ihm ermöglicht, sein zu können.

Dein Leben macht einen Unterschied aus. Obwohl wir alle unterschiedlich sind, ist unsere individuelle Eigenheit nicht unbedeutend. Am Tag des Gerichts wird Gott mich nicht fragen, warum ich nicht Josua oder Billy Graham oder Pat Robertson, sondern warum ich nicht John Mason gewesen bin. Jerry van Dyke hat es treffend formuliert: „Der beste Rosenbusch ist nicht der, der am wenigsten Dornen hat, sondern der mit den schönsten Rosen."

DU BIST AM BESTEN GEEIGNET FÜR DIE AUFGABE, FÜR DIE GOTT DICH BERUFEN HAT.

KOSTBARE WAHRHEIT NR. 13

KLAGE DICH NICHT SELBST AN.

Was denkt Gott über deine Zukunft? Die Antwort darauf finden wir im Buch Jeremia: „Denn ich kenne ja die Gedanken, die ich über euch denke, spricht der Herr, Gedanken des Friedens und nicht zum Unheil, um euch Zukunft und Hoffnung zu gewähren" (Jer. 29, 11). Alles, was wir heute sind, sei es nun gut oder schlecht, ist das Resultat dessen, was wir gedacht und geglaubt haben. Was aus dir geworden ist, entspricht dem Preis, den du bezahlt hast, um das zu bekommen, was du wolltest.

Alle entscheidenden Kämpfe, mit denen wir konfrontiert werden, werden in uns selbst ausgetragen. Nur diejenigen, die es wagten, zu glauben, dass Gott größer ist als alle gegebenen Umstände, haben je etwas Herausragendes erreicht.

In 1. Johannes 4, 4 heißt es: „... weil der, welcher in euch ist, größer ist als der, welcher in der Welt ist."

Schütte dir kein Wasser in dein eigenes Boot; dafür wird schon der Sturm sorgen! Suche nicht nach Tausenden von Gründen, warum du nicht tun kannst, was du tun willst; finde nur einen einzigen Grund, warum du es tun kannst. Es ist einfacher, all die Dinge zu tun, die du tun solltest, als den Rest deines Lebens damit zu verbringen dir zu wünschen, du hättest sie getan. Der erste wichtige Etappensieg, den du erringen musst, ist der Sieg über dich selbst. „Du kannst dich nicht auf Dauer in einer Weise verhalten, die nicht mit dem Bild übereinstimmt, das du von dir selbst hast", sagt Zig Ziglar.

Wenn du dich selbst anklagst, ist dies bildlich gesprochen so, als ob du dich unter einem Mikroskop betrachtest – es vergrößert Kleinigekeiten, kann aber Großes nicht erfassen. Um dich vor Selbstanklage zu schützen, solltest du deine Gebetszeiten verlängern, die Wahrheit von der Lüge trennen, alle negativen Einflüsse entfernen und durch Gottes Wort ersetzen. Wir lügen am lautesten, wenn wir uns selbst belügen. Sowohl Glaube als auch Angst kann in deinen Hafen einlaufen, doch erlaube nur dem Glauben, Anker zu werfen.

WEISE ALLE KLAGEN AB, DIE DU GEGEN DICH SELBST VORGEBRACHT HAST.

KOSTBARE WAHRHEIT NR. 14

Du kannst nicht rückwärts in die Zukunft gehen.

Es ist lohnenswerter, deinen Blick darauf zu richten, wohin du gehst, als darauf zu schauen, wo du gewesen bist. Betrachte deine Zukunft nicht ausschließlich aus der gestrigen Perspektive! Es ist zu einfach, alles zu quantifizieren und zu qualifizieren und den Traum, der in dir ist, zu ersticken oder zu begrenzen.

„Die Vergangenheit sollte als Sprungbrett dienen, nicht als Hängematte", sagte Edmund Burke. Du kannst dich nicht an deiner Vergangenheit orientieren, um deine Zukunft zu planen. Niemand kann rückwärts in die Zukunft gehen. Diejenigen, denen das Gestern immer noch bedeutungsvoll erscheint, tun heute wahrscheinlich nicht viel.

Deine Zukunft birgt mehr Glück in sich als jede Phase deiner Vergangenheit, an die du dich noch erinnern kannst. Ein von neuem geborener Christ hat keine Vergangenheit. In 2. Korinther 5, 17 können wir lesen: „Daher, wenn jemand in Christus ist, so ist er eine neue Schöpfung; das Alte ist vergangen, siehe Neues ist geworden." Gott orientiert sich nicht an deiner Vergangenheit, um über deine Zukunft zu entscheiden.

„Jemand, der in der Vergangenheit lebt, befindet sich in einer miserablen Lage, wenn er versucht, mit einem auf die Zukunft ausgerichteten Gott zurechtzukommen", ist ein Spruch von Mike Murdock. Lass nicht zu, dass die Fehler, die du in der Vergangenheit begangen hast, Denkmäler werden. Sie sollten eingeäschert, nicht einbalsamiert werden! Es ist sehr wichtig, nach vorne zu schauen – deine Berufung und dein Schicksal sind dort zu finden. Der Apostel Paulus sagte: „Ich vergesse, was dahinten, strecke mich aber aus nach dem, was vorn ist, und jage auf das Ziel zu, hin zu dem Kampfpreis der Berufung Gottes nach oben in Christus Jesus" (Phil. 3, 13–14).

Wer hauptsächlich über die Vergangenheit redet, geht rückwärts. Wer über die Gegenwart spricht, erhält lediglich den Status quo aufrecht, aber wer über die Zukunft redet, wächst und macht Fortschritte.

Manche Leute bleiben so tief in der Vergangenheit stecken, dass die Zukunft schon vorbei ist, bevor sie dort ankommen. Die Zukunft ängstigt nur diejenigen, die lieber in der Vergangenheit leben. Noch nie ist jemand rückwärts über Wohlstand gestolpert. Du kannst nicht erwarten, dass es morgen besser sein wird, wenn du heute über gestern nachdenkst. Was gestern war, ist für immer vorbei, und wir können nichts mehr daran ändern. Was hinter uns liegt, ist im Hinblick auf das, was sich vor uns befindet, unbedeutend.

DIE VERGANGENHEIT IST VERGANGEN.

KOSTBARE WAHRHEIT NR. 15

Wage dich auf den Ast – dort ist die Frucht.

Sei wagemutig und kühn! Wenn du auf dein Leben zurückschaust, wirst du das, was du *nicht* getan hast, mehr bereuen als das, was du getan hast. Wenn du vor einer schwierigen Aufgabe stehst, dann handle so, als ob ein Versagen überhaupt nicht in Frage käme. Wenn du den Mount Everest besteigen willst, nimm die deutsche Flagge mit! Hör auf, auf das zu schauen, was du sehen kannst, und setze stattdessen deinen Glauben für das ein, was du haben kannst. Setze keinen Plan um, der nicht von entscheidender Bedeutung und dessen Umsetzung nicht nahezu unmöglich ist.

Der durchschnittliche Mensch hält sich selbst nicht für mittelmäßig. „Nicht mehr zu tun als der Durchschnitt drückt den Durchschnitt", sagt William M. Winans. „Nimm etwas Schwieriges in Angriff; das wird dir gut tun. Wenn du nicht versuchst etwas zu meistern, was über die Dinge hinausgeht, die du bisher erreicht hast, wirst du nie wachsen", erklärte Ronald E. Osborn. Es ist schwierig zu sagen, was wirklich unmöglich ist, denn die Dinge, die heute selbstverständlich für uns sind, schienen gestern noch unmöglich. „*Unmöglich*", so soll Napoleon gesagt haben, „ist ein Wort, das nur im Wörterbuch von Narren gefunden wird." Welche Worte stehen in deinem Wörterbuch?

Wer Angst hat zu viel zu tun, tut meistens zu wenig. Um alles zu erreichen, was möglich ist, musst du das Unmögliche anstreben. Freunde dich mit großen Träumen an!

Die besten Jobs sind noch nicht entdeckt worden. Die beste Arbeit ist noch nicht erledigt worden. Christen sollen kein Schattendasein führen, sondern sich im Licht des Kreuzes entfalten. Wer nichts erwartet, wird nie enttäuscht werden. „Da sagte der Herr zu Abraham: … Für mich ist nichts unmöglich!" (1. Mo. 18, 13–14; *Hoffnung für alle*).

Durch unsere Bereitwilligkeit ein Risiko auf uns zu nehmen, kommt unser Glaube zum Ausdruck. Gott macht im Hinblick auf den Glauben keinerlei Einschränkungen; Glaube begrenzt Gott nicht. „Ohne Glauben aber ist es unmöglich, ihm wohlzugefallen ..." (Hebr. 11, 6). Deine Vision muss größer sein als du. Sagen wir doch: „Leite mich auf den Felsen, der mir zu hoch ist" (siehe Ps. 61, 3).

„Vermeide es nicht, extrem zu sein, nur um ‚ausgewogen' zu bleiben. Bleibe ausgeglichen, indem du in dem Extrem lebst, das Gott zur gegebenen Zeit für dein Leben vorgesehen hat", meint Tim Redmond. Wenn jemand nicht mehr auf sich nimmt, als ihm möglich ist, wird er nie all das tun, wozu er fähig ist. „Brüder, seid Menschen, die großen Glauben haben. Ein kleiner Glaube wird eure Seele in den Himmel führen, aber großer Glaube wird den Himmel in eure Seelen holen", sagte Charles Spurgeon.

Die Menschen auf der Welt, die am meisten enttäuscht sind, sind diejenigen, die nur das bekommen, was ihnen in den Schoß fällt, und sonst nichts. Es gibt viele Methoden, ein Versager zu werden; die erfolgreichste ist, niemals ein Risiko einzugehen. Manche Dinge muss man glauben, damit sie sichtbar werden. Nimm dir etwas so Großartiges vor, dass es zum Scheitern verurteilt ist, wenn Gott nicht dahinter steht.

DEINE VISION IST DEIN POTENZIELLER WERT.

KOSTBARE WAHRHEIT NR. 16

SEI WIE EIN BABY – SIE LIEBEN ABWECHSLUNG.

Der frühere Astronaut James Irwin sagte: „Vielleicht denkst du, auf den Mond zu fliegen sei das wissenschaftlichste Projekt überhaupt, aber sie haben uns im wahrsten Sinne des Wortes in Richtung Mond „geschossen". Wir mussten unseren Kurs alle zehn Minuten korrigieren und sind trotzdem nur um 15 Meter innerhalb unseres Zielbereiches von 800 Kilometern gelandet." Das Leben birgt, wie dieser Flug zum Mond, unzählige Veränderungen in sich. Es gibt nichts, was so stetig stattfindet wie Veränderung.

„Wenn du die Richtung des Windes nicht ändern kannst, dann setze deine Segel richtig!" (Max DePree). Du kannst nicht das werden, was du sein sollst, indem du bleibst, wie du bist. Wer aufhört sich zu verändern, dessen Wachstum stagniert. Die Menschen verabscheuen Veränderung, und doch kann nur Veränderung Wachstum hervorbringen.

Jeder will die Welt verändern, doch keiner kommt auf die Idee, sich selbst zu verändern. „Armut und Schande dem, der Züchtigung unbeachtet läßt; wer aber Zurechtweisung beachtet, wird geehrt" (Spr. 13, 18). Das Nichtakzeptieren der Gegenwart schafft eine Zukunft. „Siehe, glücklich ist der Mensch, den Gott zurechtweist!" (Hi. 5, 17). „Es ist besser, gestutzt als abgeschnitten und verbrannt zu werden", sagte John Trapp. Eine schlechte Angewohnheit verschwindet niemals von selbst, „sondern ist immer eine 'Do-it-yourself'-Angelegeneheit" (Abigail van Buren).

In Sprüche 13, 19 heißt es: „Ein erfüllter Wunsch erquickt die Seele, aber ein Greuel ist es den Toren, vom Bösen zu weichen." Kluge Leute ändern manchmal ihre Meinung – Dummköpfe nie. Sei offen dafür, dass Gott möglicherweise deine Pläne ändern will. Es ist ein Zeichen von Stärke, Veränderungen vorzunehmen, wenn es erforderlich ist.

Je länger sich jemand im Irrtum befindet, desto überzeugter ist er, dass er richtig liegt. Wenn du deine Fehler und Irrtümer verteidigst, zeigt dies nur, dass du nicht die Absicht hast, sie aufzugeben. Ein dickköpfiger Mensch hat keine Meinungen – sie haben ihn.

Wo uns keine neue Erfindung gelingt, können wir wenigstens eine Verbesserung vornehmen. Eine „sensationelle neue Idee" ist manchmal nur eine alte Idee mit hochgekrempelten Ärmeln. Wenn es dich juckt, neue Ideen zu bekommen, dann kratz dich. Jeder liebt den Fortschritt; es ist die Veränderung, die manche nicht mögen. Ständige Veränderung sollte normal sein. Die meisten sind nicht deshalb bereit sich zu ändern, weil sie das Licht sehen, sondern weil es ihnen zu heiß wird.

Herausragende Ideen benötigen immer noch Veränderung, Flexibilität und Feinjustierung, um erfolgreich umgesetzt zu werden. Henry Ford hatte vergessen, in sein erstes Automobil einen Rückwärtsgang einzubauen. Nur wenige wissen nichts von seinem Erfolg, aber wenige haben je von diesem Missgeschick erfahren. Erfolg und Wachstum werden sich kaum einstellen, wenn du die Dinge immer auf dieselbe Art und Weise tust, wie du sie schon immer getan hast.

VERÄNDERUNG IST GUT.

KOSTBARE WAHRHEIT NR. 17

Wenn du weiterhin das Richtige tust, wird Falsches – Dinge wie Menschen – schliesslich aus deinem Leben verschwinden.

DAVID BLUNT

Ein Geschäftsmann hatte einen persönlichen Briefkopf, der folgendermaßen lautete: „Richtig ist richtig, auch wenn alle dagegen sind, und falsch ist falsch, auch wenn jeder dafür ist.“ In Jakobus 1, 12 heißt es: „Glückselig der Mann, der die Versuchung erduldet! Denn nachdem er bewährt ist, wird er den Siegeskranz des Lebens empfangen, den er denen verheißen hat, die ihn lieben.“

Verschwende deine Zeit nicht damit, darüber nachzudenken, wer Recht hat, und entscheide stattdessen, was das Richtige für dein Leben ist. Überlasse die Entscheidung keinem anderen. Deine Fehlschläge mögen von der Hölle geplant sein, doch dein Sieg ist vom Himmel vorherbestimmt. „Niemand sage, wenn er versucht wird: Ich werde von Gott versucht. Denn Gott kann nicht versucht werden vom Bösen, er selbst aber versucht niemand“ (Jak. 1, 13).

Du kannst das Richtige nicht zu früh tun, denn du weißt nie, wann es dafür zu spät ist. Du kannst immer die Zeit für das finden, was du wirklich tun willst.

Erfolgreiche Menschen wissen, dass es niemand mit einem einzigen Sprung an die Spitze schafft. Was sie von den anderen unterscheidet, ist ihre Bereitwilligkeit, kontinuierlich einen richtigen Schritt nach dem anderen zu tun, ganz gleich wie steinig der Boden ist. Wir sind, was wir immer wieder tun.

Denke über die Worte John Wesleys nach:

Tu so viel Gutes wie möglich,
auf jede dir mögliche Art,
wo immer dir möglich,
wann immer dir möglich ,
für wen es möglich ist,
solange dir möglich.

Du kannst nicht mehr von der Bank des Lebens abheben als das, was du dort anlegst. Die Größe des Potenzials eines Menschen hängt von seiner Hingabe an das Rechte und Richtige ab. Leute, die rechtens leben, bleiben nie links liegen. Jedes Mal, wenn du ungehorsam bist, vergrößert sich die Entfernung zwischen dir und deinem Traum. Andererseits wird sich dein Traum durch anhaltendes Gebet und die richtigen Handlungen erfüllen.

TU DAS RICHTIGE,
DANN TU DAS RICHTIGE,
DANN TU DAS RICHTIGE.

KOSTBARE WAHRHEIT NR. 18

Versagen lauert auf dem Weg des geringsten Widerstands.

Höre nie auf, das zu tun, was du deines Wissens nach tun solltest. Derjenige, der große Träume hat, ist mächtiger als der, der all die Fakten kennt. Bedenke, um „über Nacht Erfolg zu haben“, braucht man ungefähr zehn Jahre. Der „Mann der Stunde“ hat viele Tage und Nächte damit verbracht, um dorthin zu kommen, wo er jetzt ist. Denke darüber nach, was ein Mann einmal sagte: „Der Erfolg, der ‚über Nacht kam‘, hat mich die längste Nacht meines Lebens gekostet.“

Earl Nightingale sagte: „Ein junger Mann hat einmal einen berühmten alten Mann gefragt: ‚Wie kann ich mir in der Welt einen Namen machen und erfolgreich sein?‘ Der berühmte Mann gab zur Antwort: ‚Du musst nur entscheiden, was du willst, und dann dabei bleiben, du darfst nie von deinem Kurs abweichen, ganz gleich wie lange es dauert oder wie schwierig der Weg ist, bis du dein Ziel erreichst.‘“ Sieger tun einfach nur das, was Verlierer nicht tun wollen. Erfolg ist hauptsächlich eine Frage des Durchhaltevermögens, nachdem andere schon aufgegeben haben.

Wenn ein Fluss auf einen Felsen prallt, ist der Fluß immer der Sieger – nicht weil er stärker, sondern weil er beharrlicher ist. Christopher Morley sagte: „Die ganz Großen sind nur kleine Leute, die immer weitergemacht haben“. Ausdauer bedeutet im Grunde genommen den Weg bis hin zur Erfüllung der göttlichen Verheißung zu genießen.

Judas zum Beispiel ist ein Mann, der den guten Kampf des Glaubens begonnen hatte, aber kein Durchhaltevermögen besaß. Viele große Versager in der Weltgeschichte haben aufgegeben, ohne erkannt zu haben, wie nahe sie dem Erfolg waren. Kurz vor dem Ziel Halt zu machen beschert dir ebenso wenig Erfolg, wie gar nicht erst loszurennen. Wir messen den Erfolg eines Menschen daran, was er zu Ende führt, und nicht daran, was er anfängt. Menschen versagen nicht, sie geben einfach nur zu früh auf.

Gott gibt dich niemals auf! Gib du also auch Gott nicht auf! „Denn ich bin überzeugt, daß weder Tod noch Leben, weder Engel noch Gewalten, weder Gegenwärtiges noch Zukünftiges noch Mächte, weder Höhe noch Tiefe, noch irgendein anderes Geschöpf uns wird scheiden können von der Liebe Gottes, die in Christus Jesus ist, unserem Herrn“ (Röm. 8, 38–39).

Deine Ausdauer ist der Beweis dafür, dass du noch nicht besiegt worden bist. Mike Murdock sagt: „Du hast kein Recht auf etwas, um was du nicht gerungen hast. Der Beweis dafür, dass du etwas begehrst, ist, dass du dieser Sache hinterherjagst.“ Deshalb „befiehl dem Herrn deine Werke, und deine Gedanken werden zustande kommen“ (Spr. 16, 3). Das Leben birgt keinen größeren Schatz in sich als unerschütterliche Hingabe. Niemand kann sie dir rauben. Nur dir kann sie verloren gehen, wenn du selbst es zulässt.

Es ist den Fleißigen vorbehalten, neben Führungspersönlichkeiten zu stehen. „Siehst du einen Mann, der gewandt ist in seinem Geschäft – vor Könige wird er hintreten, er wird nicht vor Niedrige hintreten“ (Spr. 22, 29). Gerade dann, wenn Treue besonders schwierig erscheint, ist sie am dringendsten erforderlich, denn eine Zeit der Versuchung ist keine Zeit, in der man aufhören sollte, einen Versuch zu unternehmen. Das Geheimnis des Erfolgs ist am Amfang zu beginnen und immer weiterzumachen.

LASS LOS, WAS DICH AUFHALTEN WILL.

KOSTBARE WAHRHEIT NR. 19

Sich auf eine Sache zu konzentrieren ist entscheidend.

Im 1. Korintherbrief 9, 25 heißt es: „Jeder aber, der kämpft, ist enthaltsam in allem ..." Wenn du zu vieles machst, wird es dich davon abhalten, deine Bestform zu erreichen. Wenn Gott einen Punkt gesetzt hat, solltest du diesen niemals gegen ein Fragezeichen eintauschen – das ist die beste Art und Weise, deine Kräfte auf ein Ziel hin zu bündeln.

Ein Mann, der seine Konzentration auf eine Aufgabe richtet, befindet sich in der Mehrheit. Derjenige, der zu viele Dinge anfängt, führt zu wenig zu Ende. Wenn du wartest, bis du eine Menge guter Dinge auf einmal erledigen kannst, wirst du nie etwas tun. Wer überall und gleichzeitig ist, ist eigentlich nirgends.

Wenn du dich nicht auf eine Sache ausrichtest, wird das Leben schmerzvoll und verwirrend. „Besser eine Hand voll Ruhe als beide Fäuste voll Mühe und Haschen nach Wind" (Pred. 4, 6). Wenn du keinen guten Grund hast etwas zu tun, hast du mindestens einen guten Grund, die Finger davon zu lassen. Es ist erstaunlich, was für eine Menge Arbeit du erledigen kannst, wenn du dich auf eine einzige Sache konzentrierst.

„Der menschliche Verstand ist eine große schlummernde Kraft, bis sie von einem heftigen konkreten Verlangen und der unbeirrbaren Entschlossenheit zur Tat aufgeweckt wird", sagt Edgar F. Roberts. Seine Kräfte für eine Sache bündeln zu können ist eine der bedeutendsten Charaktereigenschaften und eines der besten Mittel zum Erfolg. Ohne Konzentration auf eine Sache verliert sich jegliche Kreativität in einem Irrgarten der Widersprüchlichkeit.

Es gibt nur weniges, was nicht durch Fleiß und Kräftebündelung erreicht werden könnte. Der Sache, auf die du deine Aufmerksamkeit richtest, wirst du deine Kraft und deine Energie widmen. Konzentration auf eine Sache ist das Geheimnis der Stärke.

In Lukas 14, 33 hat Jesus gesagt: „So kann nun keiner von euch, der nicht allem entsagt, was er hat, mein Jünger sein." Wer ein Jünger Jesu sein will, muss zielorientiert sein. Wenn du dich konzentriert einer Aufgabe widmest, wirst du Leidenschaft für deinen Traum entwickeln; du wirst nichts anderes mehr sehen, ganz gleich wo du bist – du kannst ihn bereits erahnen.

Auf dem geraden und schmalen Weg ereignen sich die wenigsten Unfälle. Es ist von großer Bedeutung, dass die Menschen wissen, wofür du einstehst; es ist ebenso wichtig, dass sie wissen, wofür du nicht einstehst. Wir können nicht alles tun, was wir tun wollen, aber wir können alles tun, was Gott für uns vorgesehen hat.

SICH AUF EINE SACHE ZU KONZENTRIEREN IST HERRLICH.

Schau voraus

KOSTBARE WAHRHEIT NR. 20

Sorge dafür, dass es jedem besser geht, nachdem er mit dir Zeit verbracht hat.

In Sprüche 11, 24–25 lesen wir: „Da ist einer, der ausstreut, und er bekommt immer mehr, und einer, der mehr spart, als recht ist, und es gereicht ihm nur zum Mangel. Wer gern wohltut, wird reichlich gesättigt, und wer andere tränkt, wird auch selbst getränkt."

Diejenigen, die gern und bereitwillig anderen helfen, vermögen es, den Problemen anderer immer etwas Positives abzugewinnen. Diese goldene Regel zu befolgen ist kein Opfer, sondern eine Investition. Gib nicht, bis es wehtut, gib so lange, bis du dich gut dabei fühlst.

„Was wir für uns selbst tun, stirbt mit uns; was wir für andere tun, ist zeitlos. Was ich hergebe, habe ich; was ich ausgegeben habe, hatte ich; was ich behalte, habe ich verloren", lautet eine alte Grabinschrift. Niemand betrügt sich selbst so sehr wie ein selbstsüchtiger Mensch. „Kein Mensch ist je für das geehrt worden, was er erhalten hat. Ehrerbietung ist der Lohn für das, was er hergegeben hat", sagte Calvin Coolidge. Investiere in den Erfolg anderer! Denn wenn du jemandem hilfst, einen Berg zu besteigen, kommst auch du dem Gipfel sehr nahe.

Wenn du ein Interesse daran hast, dass es anderen besser geht, lass sie das Positive hören, das du über sie zu sagen hast. Menschen werden dich so behandeln, wie du sie siehst. Finde in jedem das Gute! Die meisten Leute sind zwei Monate lang gut gelaunt, wenn du sie mit nur fünf kleinen Worten lobst und ihnen einmal ermutigend auf die Schulter klopfst. Hole ihre Gaben und ihre Berufung aus ihnen heraus und entfache sie.

Das, was durch dich im Leben anderer zustande kommt, wird Gott für dich zustande kommen lassen. „Ihr wißt doch, daß jeder, der Gutes tut, dies vom Herrn empfangen wird, er sei Sklave oder Freier" (Eph. 6, 8).

Du wirst geistlich in dem Maß wachsen, wie du gibst. Indem du gibst, schaffst du Raum für inneres Wachstum.

„Gib dem Weisen, so wird er noch weiser; belehre den Gerechten, so lernt er noch mehr!" (Spr. 9, 9). Du bist vielleicht die einzige „Bibel", die manche Menschen je lesen werden. Lass dir durch den Kopf gehen, was D. L. Moody gesagt hat: „Einer mag die Bibel lesen, aber Hundert lesen dich und mich!"

Was im Leben am meisten zählt, ist, was du für andere getan hast. Es ist die Pflicht eines jeden Christen, es anderen schwer zu machen, etwas Falsches zu tun, und es ihnen leicht zu machen, das Richtige zu tun. „Diejenigen, die Sonnenschein in das Leben anderer bringen, werden auch selbst von den Strahlen gewärmt", meint James Matthew Barrie.

Wenn du jemanden so behandelst, wie er ist, wird er so bleiben, wie er ist. Wenn du so mit ihm umgehst, als ob er so wäre, wie er sein könnte, wird er so werden, wie er sein kann. Es gibt keine bessere Übung für unsere Herzenseinstellung, als sich hinunterzubeugen und jemanden aufzurichten.

FINDE JEMANDEN, DEM DU HELFEN KANNST.

KOSTBARE WAHRHEIT NR. 21

Verbringe nicht dein ganzes Leben am Reklamationsschalter.

Ein Mensch, der immer nur Fehler sucht, findet selten etwas anderes. Entschuldige dich nicht für dein Leben, sondern sei ein lebender Appell. Jemand, der ständig etwas auszusetzen hat, wird behaupten, Erfolg sei reine Glückssache. Kinder werden als Optimisten geboren und die Erwachsenenwelt versucht dann, ihnen durch konsequente Erziehung ihre Illusionen zu nehmen. Tatsache ist, je mehr du dich beklagst, desto weniger wirst du erreichen. Dein ganzes Leben lang nur zu „meckern", ist die schlimmste Routine, die du wählen kannst. Der einzige Unterschied zwischen der Routine und einem Grab ist der Zeitpunkt. Ein negativer, kritischer Geist klopft zunächst an die Tür, zieht dann als Gast ein und wird schließlich zum Hausherrn.

Manche Leute sehen in jeder Situation nur das Schlechte. Kennst du so jemand? Wie viele erfolgreiche Nörgler kennst du? „Kleinkarierte Leute mit einem kleinkarierten Verstand und wenig Vorstellungskraft gehen auf kleinspurigen Wegen durchs Leben und widersetzen sich selbstgefällig allen Veränderungen, die ihre kleine Welt ins Wanken bringen könnten" (Unbekannt). Kleine Dinge bewegen einen Kleindenker. Manche Menschen sind davon überzeugt, sie könnten Berge versetzen, wenn nur jemand die Felsbrocken aus dem Weg schaffen würde. Die am meisten enttäuschten Menschen auf der Welt sind diejenigen, die alles hinnehmen, wie es kommt.

Das Elend sucht deine Gesellschaft. Nörgler ziehen ihresgleichen an, während positive Menschen regelrecht an ihnen abprallen. Wenn Gott dich segnen will, wird Er keine Nörgler in dein Leben senden. Er schickt dir Menschen über den Weg, die voller Glauben, Kraft und Liebe sind.

Wenn du den Drang verspürst dich zu beklagen, nimm Gott mit in die Situation hinein. Um im Dunkeln zu sitzen musst du erst einmal sein Licht ausknipsen. „Bewährten Sinn bewahrst du in Frieden, in Frieden, weil er auf dich vertraut" (Jes. 26, 3). Wartest du auf Gott, oder wartet Er auf dich? Ist Gott deine Hoffnung oder deine Ausrede? Lass den Himmel nicht zu einem Reklamationsschalter werden.

„Von allen traurigen Worten, ob gesprochen oder geschrieben, sind diese die traurigsten: ‚Es hätte sein können!' (John Greenleaf Whittier). Beschwere dich nicht! Das Rad, das am lautesten quietscht, wird oft ausgewechselt. Wenn du dich über andere Menschen beschwerst, hast du keine Zeit sie zu lieben.

DURCH NÖRGELEI BRINGST DU DEINEN SCHMERZ ZUM AUSDRUCK, OHNE NUTZEN DARAUS ZU ZIEHEN.

KOSTBARE WAHRHEIT NR. 22

WENN DU GELB VOR NEID BIST, DANN BIST DU „REIF“ FÜR PROBLEME.

Eine der wertvollsten Entscheidungen, die wir treffen können, ist, unser eigenes Leben nicht mit dem zu vergleichen, was im Leben anderer Leute geschieht. Was sich im Leben eines anderen ereignet, hat nichts damit zu tun, was Gott in deinem Leben tut. Gott liebt dich ebenso sehr wie alle anderen, weil „Gott die Person nicht ansieht“ (Apg. 10, 34). Jedesmal, wenn du auf andere schaust, wendest du deine Augen von Gott ab.

Manche Leute wissen genau, wie andere ihr Leben führen sollten, nur ihr eigenes Leben haben sie nicht im Griff. Neid ist das verzehrende Verlangen, dass andere weniger Erfolg haben sollen als man selbst. Miss nicht deinen Erfolg daran, was andere nicht erreicht haben. „Die Liebe ... neidet nicht“ (1. Kor. 13, 4). Eifersucht ist der Tribut, den Mittelmäßigkeit den Erfolgreichen zollt. Dass du den Garten eines anderen kritisierst, hindert das Unkraut nicht daran, in deinem Garten zu wachsen.

Neid ist eine enorme Verschwendung geistiger Energie. Nimm Abstand davon – er ist die Quelle größter Unzufriedenheit. Wenn du dich selbst mit anderen vergleichst, ist deine Wahrnehmung verzerrt. „Gib dich nicht damit zufrieden, ganz der Vater zu sein; sei selbst Vater“ (Winston Churchill). „Sei kein Bruchteil, sei etwas Ganzes“ (Greg Mason).

Lass nicht zu, dass fremde Mächte dein Schicksal lenken. George Craig Stewart sagt: „Schwache Menschen sind Sklaven dessen, was geschieht. Starke Menschen sind Herr der Lage.“ Der Schuh sagt nicht dem Fuß, wie groß er werden soll. Wenn du die richtige Perspektive hast, lässt du dich in deinem Handeln von deiner Vision leiten und nicht von den Umständen, in denen sich andere befinden.

Der Mensch ist dieses törichte Wesen, das versucht, es seinen Feinden heimzuzahlen und seine Freunde zu übertreffen. Die Liebe schaut durch ein Teleskop, Neid durch ein Mikroskop. Wir unter- oder übertreiben im Hinblick auf das, was wir nicht besitzen. Sei auf niemanden neidisch! Jeder besitzt etwas, was kein anderer hat. Entwickle dies eine und mache es zu etwas Herausragendem!

Gott zieht durch eine private Tür bei jedem Einzelnen ein. Er führt jeden von uns auf einem anderen Weg. Niemand kann sein Schicksal vom Erfolg einer anderen Person abhängig machen. Der kleindenkende Mensch sucht nach Dingen in anderen, der Überlegene sucht sie in Gott.

DU KANST NUR DANN SEHEN, WENN DU DEINE AUGEN AUF GOTT RICHTEST.

KOSTBARE WAHRHEIT NR. 23

Der Horizont ist nicht die Grenze.

Niemand kann dir eine Grenze setzen, wenn du es nicht erlaubst.

„Eli Whitney wurde ausgelacht, als er seine Baumwollentkernungsmaschine vorführte. Edison musste sein elektrisches Licht kostenlos in einem Bürogebäude installieren, bevor irgendjemand ihm überhaupt Beachtung schenkte. Die erste Nähmaschine wurde von Bostoner Rowdies zertrümmert. Die Leute spotteten über den Gedanken an eine Eisenbahn. Man dachte, dass bei einer Fahrtgeschwindigkeit von 55 Kilometern in der Stunde der Blutkreislauf zum Stillstand kommen würde. Morse musste seine Idee von einem Fernschreiber vor zehn Kongressen vortragen, bevor sie seinen Fernschreiber überhaupt anschauten" (Unbekannt). Doch für all diese Männer war der Horizont längst nicht die Grenze.

Hüte dich vor überheblichen Menschen, die jedes Projekt nur bemängeln; die Welt würde aufhören sich zu drehen, wenn sie unter der Herrschaft von Menschen stehen würde, die sagen: „Es ist unmöglich!"

„... sucht, und ihr werdet finden ..." (Mt. 7, 7). Wir erreichen etwas nur in dem Maß, wie wir danach streben. Menschen lassen sich eher davon überzeugen, weniger als mehr zu glauben. Jesus hat gesagt: „Euch geschehe nach eurem Glauben!" (Mt. 9, 29). Du bist niemals so weit von der Lösung entfernt, wie es zunächst scheint. Es ist zu keiner Zeit sicher oder richtig, ohne Glauben in die Zukunft zu blicken.

Sag mir, was du von Jesus hältst, und ich teile dir einige wichtige Fakten über deine Zukunft mit. Was hast du für ein Bild von Jesus? Ist Er für dich nur ein guter Mensch mit guten Ideen? Oder ist Er der Sohn Gottes, unser Fürsprecher vor Gott, der König der Könige und Herr der Herren?

Viele Menschen hoffen nicht mehr, das Beste erreichen zu können; ihre Hoffnung beschränkt sich darauf, das Schlimmste vermeiden zu können. Viele von uns haben eine Gelegenheit an unsere Tür klopfen gehört, doch bis wir endlich die Sicherheitskette entriegelt, den Bolzen zurückgeschoben, den Schlüssel zweimal umgedreht und die Alarmanlage ausgeschaltet haben, war sie schon weg! Zu viele Leute verbringen ihr Leben damit, nach unten, um sich herum oder zurückzuschauen, obwohl Gott uns aufgetragen hat, hinaufzuschauen. Der Horizont ist nicht die Grenze!

NIMM DEN DECKEL AB.

KOSTBARE WAHRHEIT NR. 24

BEFASSE DICH MIT MUSIK UND DU WIRST EINES TAGES DIE BAND LEITEN.

Nicht alle Hindernisse sind schlecht. Tatsächlich ist es so, dass sich eine Gelegenheit am liebsten als Hindernis verkleidet. In einen Konflikt zu geraten bedeutet nichts anderes, als auf dem Weg zu deiner Antwort einem Hindernis zu begegnen. Der Kampf ist gut; er beweist, dass du nicht aufgegeben hast. Der Apostel Paulus hat dies sehr treffend formuliert, als er schrieb: „In allem sind wir bedrängt, aber nicht erdrückt; keinen Ausweg sehend, aber nicht ohne Ausweg; verfolgt, aber nicht verlassen; niedergeworfen, aber nicht vernichtet ..." (2. Kor. 4, 8–9).

Wenn du Christ bist, bedeutet das nicht, dass du nicht mehr von der Welt und ihren Problemen berührt wirst; vielmehr bist du fähig gemacht worden, produktiv und siegreich in ihr zu leben. Niemand ist immun gegen Probleme. Selbst der Löwe hat seinen Kampf mit den Fliegen. Wachstum und Erfolg werden Hindernisse nicht beseitigen; im Gegenteil, sie beschwören sogar neue herauf. Doch Gott arbeitet ständig an uns und geht mit uns. Thomas Carlisle sagte: „Der Granitblock, der für den Schwachen ein Hindernis auf seinem Weg darstellt, ist auf dem Weg des Starken ein Sprungbrett."

Selbst unter den schwierigsten Umständen möchte Gott, dass wir wachsen und weiterkommen. Schwierigkeiten und problematische Situationen sollen für uns zu Gelegenheiten werden, charakterlich zu reifen; keinesfalls sollen wir daran zugrunde gehen. Hindernisse können dich zwischenzeitlich dazu zwingen, einen Umweg zu machen, doch nur du entscheidest, ob du deswegen aufgibst. Der Teufel möchte dir weismachen, dass deine momentane Situation sich nie ändern wird. Widerstände bringen ans Licht, was du wirklich glaubst und wer du in Wirklichkeit bist. Durch sie lernst du dich selbst kennen. Dein Kampf mag andauern, doch er dauert nicht ewig.

Auf Reisen habe ich immer wieder festgestellt: Ganz gleich wie bewölkt der Himmel beim Start des Flugzeugs auch aussieht, über den Wolken scheint immer die Sonne. Schau nach oben! Es ist nicht dein „Ausblick“, sondern dein „Aufblick“, der den Unterschied ausmacht. Hindernisse sind ein Teil des Lebens. Jesus sagte: „In der Welt habt ihr Drangsal; aber seid guten Mutes, ich habe die Welt überwunden“ (Joh. 16, 33). Jesus hat nicht behauptet, es würde niemals stürmische Zeiten geben. Er hat gesagt: „Ich bin hier; fürchte dich nicht, sondern vertraue mir!“ Der Unterschied zwischen Eisen und Stahl ist das Feuer; nur feuererprobter Stahl ist von Wert. Gott hat uns nicht versprochen, dass es immer leicht sein würde. Er sagte aber: „… dem Glaubenden ist alles möglich (Mk. 9, 24).“

„Unter schwierigsten Umständen wachsen manchen Menschen Flügel; andere dagegen kaufen sich Krücken“, sagte Harold W. Ruoff. Wenn Gott auf deiner Seite ist, hilft Er dir, dich mit Musik zu befassen, auch wenn dir die Melodie nicht gefällt. Schau nicht durch die „Brille deiner momentanen Lage“ auf Gott, sondern betrachte die Umstände, in denen du steckst, aus der Sicht Gottes.

DEIN PROBLEM IST EIN SPRUNGBRETT.

KOSTBARE WAHRHEIT NR. 25

DU BIST ALS ANTWORT ERSCHAFFEN WORDEN.

Der bekannte Basketballtrainer John Wooden hat einmal gesagt: „Dein Tag kann nicht vollkommen sein, wenn du nicht irgendetwas für jemanden getan hast, der es dir nie zurückerstatten kann." Meiner Meinung nach ist Sprüche 3, 27 eine machtvolle Aussage der Bibel, die den Segen Gottes in deinem Leben freisetzt. Dort heißt es: „Enthalte Gutes dem nicht vor, dem es gebührt, wenn es in der Macht deiner Hand steht, es zu tun!"

Geteilte Freude ist doppelte Freude. Du bist dazu bestimmt worden, Teil einer Problemlösung zu sein. „Ich bin nur ein Einzelner, aber immerhin bin ich jemand. Ich kann nicht alles tun, aber ich kann wenigstens etwas tun; und ich werde mich nicht weigern, das zu tun, was ich tun kann", sagte Helen Keller.

Sei eine Antwort! Setze dich für jemanden ein, der dabei ist, abzustürzen. Mache dich stark für jemanden, dem du helfen kannst, auch wenn andere nur achtlos vorbeigehen. Es gibt keine unwichtigen Aufgaben, keine unwichtigen Menschen, keine unwichtigen Gesten der Freundlichkeit. Wenn du keine Freundlichkeit in deinem Herzen hast, hast du die schlimmsten Herzprobleme, die es gibt!

Dein Beitrag fällt entsprechend der Lösungen aus, die du für die Probleme findest, mit denen du konfrontiert wirst. Mike Murdock meint: „Beim Gedanken an dich wird man sich immer nur an zwei Dinge erinnern – entweder an die Probleme, die du gelöst hast, oder an die, die du verursacht hast." Zu geben ist immer segensreicher, als zu nehmen (Apg. 20, 35).

Gib von dem, was du hast, an andere weiter, und du wirst feststellen, wie dein Leben von Pessimismus befreit wird. Kritische Menschen sind meistens Menschen, die selbst am wenigsten tun.

Versetze dich in die Lage deines Nachbarn, versuche die Situation durch die Augen deines Chefs zu sehen, und betrachte den Weg deines besten Freundes aus seiner Perspektive. Halte Ausschau nach Möglichkeiten, wie du eine Antwort für jemand sein kannst.

Wie viele glückliche Egoisten kennst du? Du kannst in zwei Monaten mehr Freunde gewinnen, indem du anderen hilfst, als in zwei Jahren, in denen du versuchst, von anderen Hilfe zu bekommen. „Das tote Meer ist ein totes Gewässer, weil es ständig aufnimmt, aber nie weitergibt“ (Unbekannt). „Wenn Gott etwas durch dich weiterreichen kann, wird Er es dir geben“, sagte Pastor E. V. Hill. Eine einzige Handlung von dir könnte ausreichen, um im Leben eines anderen einen Wendepunkt herbeizuführen.

**FINDE DIE PROBLEME,
FÜR DIE DU
DIE LÖSUNG BIST.**

KOSTBARE WAHRHEIT NR. 26

Worte sind wie Nitroglyzerin: Sie können Brücken in die Luft sprengen oder Herzen heilen.

Nur um erlebt zu haben, wie es sich anfühlt, versuche einmal in den nächsten 24 Stunden weder über einen Menschen noch über eine Sache etwas Schlechtes zu sagen. „Der Unterschied zwischen dem richtigen Wort und dem fast richtigen Wort ist wie der Unterschied zwischen einem Blitzschlag und einem Leuchtkäfer", sagte Mark Twain. In Sprüche 16, 27 heißt es: „Ein ruchloser Mann gräbt Unheil, und auf seinen Lippen ist es wie ein sengendes Feuer." – „Tod und Leben sind in der Gewalt der Zunge, und wer sie liebt, wird ihre Frucht essen" (Spr. 18, 21).

Wir erfahren mehr über einen Menschen durch das, was er über andere sagt, als durch das, was andere über ihn sagen. Jesus sagte: „Denn aus der Fülle des Herzens redet der Mund" (Mt. 12, 34). Jemand, der ein Original ist, sagt: „Lass uns einen Weg finden!" Jemand, der andere nur nachahmt, sagt: „Es ist unmöglich!" Das Original erklärt: „Es muss noch einen besseren Weg geben!" Der Nachahmer meint: „So ist es schon immer gemacht worden!" Statt der Formulierung: „Wenn nur", versuche es einmal mit den Worten: „Das nächste Mal." Frage nicht: „Was ist, wenn es nicht klappt?", sondern stelle stattdessen die Frage: „Was ist, wenn es klappt?"

Dummheit möchte reden. Die beste Zeit, den Mund zu halten, ist dann, wenn du den stärksten Drang hast, etwas zu sagen. Du wirst dir niemals durch etwas schaden, was du nicht gesagt hast.

Schweigen ist die beste Waffe; außerdem ist es eines der schlagkräftigsten Argumente bei einer Auseinandersetzung. Wie viele PS ein Fahrzeug hat, lässt sich nich an dem messen, was aus seinem Auspuff herauskommt. Manche Leute sprechen aus Erfahrung; manche sprechen aus Erfahrung nicht.

Lass die Natur zu dir reden – deine Ohren kannst du nicht verschließen, aber deinen Mund schon! Wenn ein Streit entflammt, erstickt der kluge Mensch ihn mit Schweigen. Manchmal musst du schweigen, um dir Gehör zu verschaffen. Um nach dem Köder zu schnappen, muss der Fisch erst das Maul aufmachen.

In deinen Worten spiegelt sich dein Schicksal wider. Jesus sagte: „... denn aus deinen Worten wirst du gerechtfertigt werden, und aus deinem Mund wirst du verdammt werden“ (Mt. 12, 37). Im 2. Mose heißt es: „Und nun geh hin! Ich [der Herr] will mit deinem Mund sein und dich unterweisen, was du reden sollst“ (2. Mo. 4, 12).

Wenn du einen Menschen kennen lernen willst, dann höre sorgfältig zu, wenn er über seine Abneigungen spricht. Ein loses Mundwerk behindert deine beiden wichtigsten Sinne – dein Seh- und dein Hörvermögen. Viele großartige Ideen sind durch falsche Worte zunichte gemacht worden.

Eine weise alte Eule saß auf einer Eiche,
je mehr sie sah, desto weniger sagte sie;
je weniger sie sprach, desto mehr hörte sie.
Warum sind wir nicht ebenso weise wie dieser alte Vogel?

Edward H. Richards

JEDESMAL, WENN DU „GOTT“ SAGST, SAGST DU „WUNDER“.

KOSTBARE WAHRHEIT NR. 27

WER NICHT VERGIBT, DENKT NICHT VORAUS.

Unversöhnlichkeit ist eine 100-prozentig sichere Methode, um seine Originalität zu ersticken. Wenn man dir Unrecht tut, ist die beste Reaktion, ein schlechtes Gedächtnis zu haben. Hege niemals Groll. Während du nämlich unter seiner Last zusammenbrichst, ist die andere Partei putzmunter und aktiv.

Vergib deinen Feinden – nichts ärgert sie mehr. Es gibt keine süßere Rache als Vergebung. Den einzigen Leuten, denen du es „heimzahlen" solltest, sind diejenigen, die dir geholfen haben.

„Vergebung sollte so gehandhabt werden wie ein hinfällig gewordener Notizzettel – zerrissen und verbrannt werden, sodass er dir von niemandem mehr vorgelegt werden kann" (Henry Ward Beecher). Du wirst Gottes Eingreifen in deinem Leben niemals hautnaher und stärker erleben als dann, wenn du auf Rache verzichtest und es wagst, zu vergeben, wenn du verletzt worden bist. „Wer nicht vergeben kann, zerstört die Brücke, über die er vielleicht eines Tages gehen müsste", hat Larry Bielat einmal gesagt. „Zerschneide nie, was man auch aufknoten kann" (Joseph Joubert). Hass, Bitterkeit und Rache sind ein Luxus, den sich keiner von uns leisten kann.

Menschen brauchen gerade dann am meisten Liebe, wenn sie sie am wenigsten verdienen. Vergebung heilt; Unversöhnlichkeit verletzt. In Matthäus 5, 25 wird gesagt: „Komme deinem Gegner schnell entgegen, während du mit ihm auf dem Weg bist …" Die beste Heilung ist eine schnelle Heilung.

Du wirst nicht weiterkommen, wenn du es darauf abgesehen hast, es jemandem heimzuzahlen. Dich beleidigt und gekränkt zurückzuziehen ist eine Strategie Satans, um dich aus dem Willen Gottes herauszumanövrieren. Wenn wir über unsere Verletzungen nachdenken, wird das Problem immer schlimmer; wenn wir über Gott nachdenken, lösen sich die Schwierigkeiten auf.

Wenn du nicht vergibst, verkennst du die Auswirkungen, die es auf dein weiteres Schicksal hat. Wenn du Hass in dir duldest, tötest du dadurch langfristig gesehen selbst deine Träume. Die Folgen von Unversöhnlichkeit sind weitaus schmerzlicher als deren Ursachen!

Es ist eine Tatsache, dass der Vergebende einen Streit beendet! Jemandem versöhnlich auf die Schulter zu klopfen ist die beste Art, ihm die Grundlage zu entziehen, dass er sich angegriffen fühlt. Vergib deinen Feinden – besser kannst du dich gar nicht an ihnen rächen! Durch Vergebung ersparst du dir die Kosten des Zorns, den hohen Preis des Hasses und eine Menge Energie. Einen Christen erkennt man an zwei Merkmalen: er gibt und er vergibt.

Wenn du dich miserabel fühlen willst, dann hasse jemanden! Unversöhnlichkeit schadet dem Gefäß, in dem sie aufbewahrt wird, weitaus mehr als dem Objekt, über das sie ausgegossen wird.

„Das Leben ist ein Abenteuer der Vergebung“, sagt Autor Norman Cousins. „Jeder Mensch sollte einen besonderen Friedhof anlegen, auf dem er die Fehler seiner Familienangehörigen und Freunde beerdigt. Zu vergeben bedeutet einen Gefangenen freizulassen und hinterher festzustellen, dass man selbst der Gefangene war“ (Unbekannt).

ES GIBT JEDEN TAG JEMANDEN, DEM DU VERGEBEN KANNST.

KOSTBARE WAHRHEIT NR. 28

WAS NÜTZT ES, ZU ZIELEN, WENN MAN NICHT ABDRÜCKT?

Gott hat einen exakten Zeitplan und eindeutige Ziele. Er möchte, dass wir wissen, was zu tun ist und wann der richtige Zeitpunkt dafür ist. In Psalm 32, 8 heißt es: „Ich will dich unterweisen und dich lehren den Weg, den du gehen sollst; ich will dir raten, meine Augen über dir offenhalten." Eile Gott nicht voraus und führe dein Leben nicht außerhalb seines Willens.

Geduld kann Wunder wirken; allerdings wird sie einem Mann, der in Alaska einen Orangenhain angepflanzt hat, nicht viel nützen. Die richtige Zeit dafür, das Verkehrte zu tun, gibt es nicht. Wenn du dir zu lange Zeit lässt damit, zu entscheiden, was du mit deinem Leben anfangen sollst, wirst du eines Tages feststellen, dass du es bereits gelebt hast. Der allmächtige Gott hat die Zeit erfunden, um unseren Träumen eine Chance zu geben. „Die Hölle ist zu spät erkannte Wahrheit und aufgeschobene Pflichten", sagt Tyron Edwards. Ideen halten sich nicht ewig. Du musst etwas mit ihnen tun. Victor Hugo hat einmal gesagt: „Es gibt etwas, was stärker ist als alle Armeen der Welt zusammen, und das ist eine Idee, deren Zeit gekommen ist."

Füge deinen Träumen nicht Hitze, sondern Licht hinzu. Die Bibel sagt: „Eine Leuchte für meinen Fuß ist dein Wort, ein Licht für meinen Pfad" (Ps. 119, 105). Die Leuchte wirft Licht auf die Dinge, mit denen wir es momentan zu tun haben. Das Licht bestimmt unsere Zukunft.

Wer vorschnell eine falsche Entscheidung trifft, trifft selten ins Schwarze. Viele Menschen verpassen die richtige Gelegenheit, weil sie nach anderen Gelegenheiten Ausschau halten. Ergreife die

Gelegenheiten, die sich dir heute bieten, heute am Schopf und die, die sich dir morgen bieten, morgen.

Lass dir Zeit und hetze nicht, wenn der Erfolg von Genauigkeit abhängt. Diejenigen, die ihre Zeit am wenigsten nutzen, sind die Ersten, die sich darüber beschweren, wie schnell sie vergeht. Der beste Stürmer ist nutzlos, es sei denn, er steuert das richtige Tor an.

Das richtige Timing ist von entscheidender Bedeutung, wenn du erfolgreich sein willst. „...Was ich dir in dieser Vision sage, das schreibe in deutlicher Schrift auf Tafeln! Denn was ich dir jetzt offenbare, wird nicht sofort eintreffen, sondern erst zur festgesetzten Zeit ..." (Hab. 2, 2–3; *Hoffnung für alle*). Es gibt eine festgesetzte Zeit für deinen Traum! Sei weder kurz- noch weitsichtig; sei scharfsichtig! Als ich mich mit dem Leben von Männern Gottes in Leiterschaft auseinander gesetzt habe, fand ich heraus, dass sie zu wichtigen Zeitpunkten ihres Lebens – wie sie sagten – „von Gott geführt wurden, etwas zu tun."

Wenn du seinem Willen folgst, kommt deine Originalität zum Vorschein, und es wird dir leicht fallen, Prioritäten festzulegen. Wenn Jesus der Weg ist, warum sollten wir dann unsere Zeit damit verschwenden, es auf einem anderen Weg zu versuchen?

BITTE GOTT UM SEINEN ZEITPLAN UND SEINE FÜHRUNG.

KOSTBARE WAHRHEIT NR. 29

HEUTE WERDE ICH …

… früh aufstehen, weil kein Tag lang genug ist, um all die täglich anfallenden Arbeiten zu erledigen.

… drei Leuten ein Kompliment machen.

… mich für jemanden nützlich machen.

… keine Stunde am Vormittag verlieren und mich dann den ganzen Tag lang über ihren Verbleib wundern.

… ein Problem in Angriff nehmen, das größer ist als ich.

… in irgendeinem Bereich eine kleine Verbesserung vornehmen.

… meine Einstellung ändern und nicht mehr denken: „Gott sei Dank, es ist Freitag!", sondern: „Gott sei Dank, es ist heute!"

… mindestens drei Dinge erledigen, die meiner Bequemlichkeit widerstreben.

… mein Ego begraben.

… für mein täglich Brot danken.

… etwas Neues zu tun finden.

… jemandem den Tag ein bisschen angenehmer machen.

… meine beste Zeit für Gott reservieren.

… nach der Regel leben: „Liebe deinen Nächsten wie dich selbst", um mich morgen nicht bei jemandem für mein Handeln entschuldigen zu müssen.

… mir bewusst machen, dass der Ort und die Zeit, um glücklich zu sein, hier und jetzt sind.

… einige kleine Schritte unternehmen, um eine schlechte Gewohnheit zu überwinden.

… diesen Tag nicht gemäß der Ernte beurteilen, sondern gemäß dem Samen, den ich ausstreue.

KOSTBARE WAHRHEIT NR. 30

Du bist für Beziehungen geschaffen.

Gott hat keinen Soloauftritt für uns geplant. Er lässt uns in göttliche Beziehungen treten – mir den richtigen Freunden und den richtigen Verbindungen. Diese guten Beziehungen werden immer deine Originalität in dir zum Vorschein bringen. Du weißt, welche Freunde ich damit meine. Wenn du mit ihnen zusammen warst, stellst du hinterher fest, dass du längst nicht mehr so kritisch bist, viel mehr Glauben und eine Perspektive für die Zukunft hast.

Es ist sehr wichtig, mit wem wir engeren Kontakt haben. Ist dir nicht auch schon aufgefallen, dass nahezu jeder, der abgefallen ist, vorher mit den falschen Leuten zusammen war? Der Teufel benutzt keinen Fremden, um dich aufzuhalten oder zu bremsen. Falsche Beziehungen bringen das Schlechteste in dir hervor, nicht das Beste. Nachdem du mit solchen „Freunden" zusammen gewesen bist, wirst du bemerken, dass du voller Zweifel, Angst sowie verwirrt und skeptisch bist.

Während du in Gott wächst, werden sich deine Beziehungen verändern. Manchen deiner Freunde wird es nicht gefallen, dass du vorwärts gehst. Sie möchten, dass du dort bleibst, wo sie sind. Freunde, die dir nicht auf dem Weg nach oben helfen, wollen dich kriechen sehen. Deine Freunde werden entweder deine Vision erweitern oder deine Träume zerstören.

Lass dir von niemandem ausreden, eine von Gott eingegebene Idee zu verfolgen. „Erlaube nicht, dass jemand anderes deine Welt gestaltet, denn wenn dies geschieht, wird sie immer zu klein ausfallen", sagt Edwin Louis Cole, ein gefragter Sprecher bei Männerseminaren. Wer gestaltet deine Welt? Nimm niemals einen Rat von einem unproduktiven Menschen an. Besprich deine Probleme niemals mit Menschen, die keinen Beitrag zur Lösung leisten können.

Diejenigen, die selbst keinen Erfolg haben, sind immer die Ersten, die dir sagen wollen, wie man Erfolg hat. Nicht jeder hat das Recht, in dein Leben hineinzusprechen. Es wird dir mit Sicherheit zum Nachteil gereichen, wenn du deine Ideen mit der falschen Person austauschst. Folge niemandem nach, der selbst kein konkretes Ziel verfolgt. Wir sollten jemandem nur so weit folgen, wie er Jesus nachfolgt.

„Wenn Gott dich segnen will, schickt Er einen Menschen in dein Leben“, sagt Mike Murdock. Respektiere diejenigen, mit denen Gott dich in Kontakt gebracht hat, um dir zu helfen. Gott sorgt *durch* Menschen *für* Menschen.

Mit manchen Leuten verbringst du nur einen Abend; mit anderen ist er eine Investition in die Zukunft. Achte sorgfältig darauf, wen du auf der Straße des Lebens nach der Richtung fragst. Wer seinem Leben durch die richtigen Freundschaften einen festen Halt gibt, ist weise!

DU WIRST DENEN ÄHNLICH, MIT DENEN DU ENGEN KONTAKT PFLEGST.

KOSTBARE WAHRHEIT NR. 31

BENUTZE STEINE, DIE MAN AUF DICH WIRFT, ALS SPRUNGBRETT.

Alle großen Ideen werden Konflikte hervorrufen. Mit anderen Worten: Deine Berufung bringt Herausforderung und Kritik mit sich. Jede herausragende Idee durchläuft drei Phasen, in denen folgendermaßen auf sie reagiert wird:

- „Das ist unmöglich – verschwende nicht deine Zeit und dein Geld damit!"
- „Es ist möglich, aber was soll das schon bringen?"
- „Ich habe schon immer gesagt, dass es eine gute Idee ist."

Wir sollten auf Kritik so reagieren, wie die Bibel es uns vorschreibt: „In allem sind wir bedrängt, aber nicht erdrückt; keinen Ausweg sehend, aber nicht ohne Ausweg; verfolgt, aber nicht verlassen; niedergeworfen, aber nicht vernichtet ..." (2. Kor. 4, 8–9).

Christen, die kritisieren, sind ein Sprachrohr des Teufels. Die Bibel sagt, der Teufel sei der Ankläger der Brüder. Deshalb sollten wir uns immer an folgende Aussage aus dem Mund Jesu erinnern: „Wer von euch ohne Sünde ist, werfe zuerst den Stein ... " (Joh. 8, 7). Aufgepasst: Bevor du das nächste Mal einen anderen kritisierst, nimm erst einmal dich selbst unter die Lupe!

Es gibt da diese leise, ruhige Stimme, der wir folgen sollten, nicht dem schmetternden Getöse des Unheils. Kritik ist ein stetiger Verfolger übernatürlicher Beförderung. Wenn dein Kopf aus der Menge herausragt, solltest du darauf gefasst sein, eher mit Kritik als mit Blumensträußen überhäuft zu werden. Satan attackiert immer diejenigen, die ihm am gefährlichsten werden können. Gott wirkt von innen nach außen; der Teufel versucht sich von außen nach innen vorzuarbeiten.

Jeder, der seine Kritik an anderen bei dir ablädt, kritisiert auch dich. Wer dich herabsetzt, versucht dich auf seine Ebene herunterzuholen. Einem kritischen Geist ist noch nie ein Denkmal errichtet worden.

Du kannst einen Versager immer daran erkennen, wie kritisch er sich über Erfolg äußert. Die Fähigen schreiten zur Tat – Unfähige üben Kritik. Diejenigen, die sich über den Aufprall des Balles beschweren, sind es oftmals selbst, die den Ball geworfen haben. Wenn es keine Menschen gäbe, die Dinge in Angriff nehmen, wären die Nörgler bald arbeitslos. Neid erzeugt den Schlamm, den Versager auf die Erfolgreichen werfen. Kritische Menschen, die mit Schlamm werfen, verlieren gleichzeitig den Boden unter den Füßen. Kleinkarierte Denker verurteilen als Erstes großartige Ideen.

Wenn Menschen negativ über dich reden, dann führe dein Leben so, dass ihnen keiner glaubt! Die Angst vor Kritik ist der Todeskuss in dem Moment, in dem der Lockruf des Erfolgs an dich ergeht. Wenn du dich vor Kritik fürchtest, wirst du sterben, ohne je etwas erreicht zu haben. Ein erfolgreicher Mensch ist jemand, der in der Lage ist, aus den Steinen, die andere auf ihn werfen, ein solides Fundament zu bauen.

**KRITIK IST EIN KOMPLIMENT,
WENN DU
GOTTES PLAN FOLGST.**

KOSTBARE WAHRHEIT NR. 32

Erfolgreiche Einzelkämpfer gibt es nicht.

Keiner schafft es allein. Wenn du versuchst, es im Alleingang zu schaffen, solltest du bedenken, dass dich die Mauer einsperrt, die die anderen aussperrt. „Gott weist niemanden ab, außer diejenigen, die von sich selbst eingenommen sind" (D. L. Moody). Wer nur allein und für sich selbst arbeitet, wird wahrscheinlich eines Tages durch seinen schlechten Umgang verdorben werden.

„Jeder, der auch nur einmal etwas Nettes für uns getan oder ein ermutigendes Wort zu uns gesagt hat, hat zur Prägung unseres Charakters, unserer Einstellungen sowie zu unserem Erfolg beigetragen", sagt George Matthew Adams. Sei von Herzen dankbar und schenke ohne Zögern denen Anerkennung, die dir helfen. Mache dich für jemanden unentbehrlich. Es ist leicht, anderen die Schuld für dein Versagen zuzuschieben, doch rechnest du anderen auch deinen Erfolg als deren Verdienst an?

„Wenn du eine ‚Scheuklappenperspektive' hast, dann denkst du, niemand würde so hart arbeiten wie du. Eine solche Sichtweise ist der Feind jeder Teamarbeit. Sie ist eine Tür, durch die Spaltung und Streit eintreten kann" (Tim Redmond). Es gibt wenige Lasten, die zu schwer wären, wenn alle mit anpacken. Sommersprossen ergäben eine hübsche Bräune, wenn sie sich zusammentun würden.

Der Mensch, der nur an sich selbst glaubt, lebt in einer sehr kleinen Welt – eine, in die nur wenige ihren Fuß setzen wollen. Wer ein Loblied auf sich selbst singt, hat vielleicht die richtige Melodie, aber den falschen Text. Je mehr du im Leben vorankommst, desto mehr wirst du von anderen Menschen abhängig. Ein eingebildeter Mensch wird nie ein Ziel erreichen, denn er denkt, er sei schon angekommen.

Arbeite mit anderen zusammen. Denke an die Banane: Immer dann, wenn sie die Staude verlässt, wird sie geschält und aufgegessen. Du wirst nie langfristigen Erfolg haben, wenn du keine Beziehungen zu anderen Menschen hast. Einer allein kann niemals ein Team ersetzen, das gut zusammenarbeitet. „Wir" macht „mich" stärker.

FINDE JEMANDEN, DER DIR HELFEN KANN.

KOSTBARE WAHRHEIT NR. 33

Ein Lächeln vermag mehr als ein Grinsen.

Es gibt keinen erbärmlicheren Menschen auf der Welt als den, der seine Freude verloren hat. Beschließe für dich, der positivste und enthusiastischste Mensch zu sein, den du kennst.

In einer Umfrage, die vor kurzem durchgeführt wurde, fragte man 200 Personen in leitender Stellung danach, was ihrer Meinung nach einen Menschen erfolgreich mache. 80 Prozent von ihnen gaben Enthusiasmus als die wichtigste Eigenschaft an. Jemand, der begeisterungsfähig ist, hat bald schon begeisterte Anhänger.

Wie viele Menschen kennst du, die mit Erfolg etwas tun, was sie hassen? „Finde etwas, was du mit Vorliebe tust, und du wirst in deinem ganzen Leben keinen Tag mehr arbeiten müssen", lautet ein Spruch von Harvey Mackay. Thomas Carlisle hat gesagt: „Finde mir einen Mann, der bei der Arbeit singt. Solche Leute möchte ich einstellen!"

„Richte dein Gesicht der Sonne entgegen und du siehst keinen Schatten", sagte Helen Keller. Ein törichter Mensch sucht Glück und Zufriedenheit in der Zukunft; der Weise sät den Samen dazu heute. Es gibt keinen traurigeren Anblick als einen pessimistischen Christen. Durch ein Lächeln wird deine Welt heller und fröhlicher aussehen. Ein Lächeln ist die kürzeste Entfernung zwischen zwei Menschen.

Glück und Zufriedenheit kommen immer von innen. Die beste Entscheidung, die wir treffen können, ist uns zu freuen. „Wir wissen aber, daß denen, die Gott lieben, alle Dinge zum Guten mitwirken, denen, die nach seinem Vorsatz berufen sind" (Röm. 8, 28). „... Glücklich das Volk, dessen Gott der Herr ist" (Ps. 144, 15). Gottes Freude ist ansteckend!

Tritt Unbekanntem mit einem Lächeln entgegen, nicht mit schlotternden Knien. „Lachen ist eine Art inwendigen Joggens. Es bringt deine inneren Organe in Bewegung. Es verbessert die Atmung. Es weckt große Erwartungen", meint Normann Cousins. Gott sagt in seinem Wort, wenn wir Ihn nicht preisen, „werden die Steine schreien" (Lk. 19, 40). Wir sollten es nicht so weit kommen lassen, dass wir durch ein paar Felsbrocken ersetzt werden!

Jede Minute, die du wütend bist, bedeutet 60 verpasste glückliche Sekunden. Zwei Dinge tragen zum Glücklichsein bei: was wir nicht unbedingt brauchen und was wir unbedingt brauchen. Du bist so glücklich, wie du es dir vorgenommen hast. Glück lässt sich nicht finden, denn es ist nie verloren gegangen. Nimm dir den Teekessel zum Vorbild! Obwohl ihm das heiße Wasser bis zum Hals steht, hört er nicht auf zu pfeifen.

LÄCHLE, ES LÄSST DEIN GESICHT ERSTRAHLEN.

Schau nach oben

KOSTBARE WAHRHEIT NR. 34

WENN DU DIE BLÜTE PFLÜCKST, WIRST DU AUF DIE FRUCHT VERZICHTEN MÜSSEN.

Gott ist ein Gott der Jahreszeiten. „Alles hat seine Stunde. Für alles gibt es eine bestimmte Stunde. Für jedes Vorhaben unter dem Himmel gibt es eine Zeit", heißt es in Prediger 3, 1. In den verschiedenen Jahreszeiten laufen jeweils unterschiedliche Prozesse ab.

Bei Gott gibt es einen Winter. Er ist eine Zeit der Vorbereitung, des Erkennens und der Richtungsweisung. In dieser Zeit werden auch Wurzeln geschlagen. In dieser Jahreszeit möchte Gott in dir das richtige Fundament legen. Jetzt gibt es nichts zu ernten.

Gott hat auch einen Frühling geschaffen. In dieser Zeit wird gepflanzt, gehackt, gehegt und gepflegt. Mit anderen Worten, harte Arbeit ist angesagt. Gott möchte, dass du deinen Plan in die Tat umsetzt. Auch im Frühling gibt es keine Ernte.

Nun kommt der von Gott eingeführte Sommer. Im Sommer wächst alles wunderbar. Die Zeit ist gekommen, wo deine gottgegebene Idee in Aktivität umschlägt, Interesse erweckt und Menschen neugierig macht. Trotz all der Aktivität, die der Sommer mit sich bringt, gibt es in dieser Zeit nur eine geringe Ernte. Doch dann kommt der Herbst.

Das ist Gottes Erntezeit. Während dieser Jahreszeit fällt die Ernte im Vergleich zu der aufgewandten Mühe und Arbeit weitaus reichlicher aus. Doch die meisten Menschen halten nicht bis zum Herbst durch. Oftmals geben sie schon irgendwo auf dem Weg dahin auf, weil sie nicht erkennen, in welcher Jahreszeit sie sich befinden.

Wenn du begriffen hast, dass Gott bestimmte Jahreszeiten festgelegt hat, bist du darauf eingestellt, das Richtige zur entsprechenden Zeit zu tun. Dies gibt dir die notwendige Vorfreude und Inspiration, bis zum Herbst durchzuhalten. Das Wort Gottes trifft den Nagel auf den Kopf, wenn es sagt: „Laßt uns aber im Gutestun nicht müde werden, denn zur bestimmten Zeit werden wir ernten, wenn wir nicht ermatten" (Gal. 6, 9).

Es war Frühling, doch mir wäre der Sommer lieber gewesen,
die warmen Tage und das Leben in der freien Natur.
Es war Sommer, doch ich wollte den Herbst,
die bunten Blätter und die kühle, trockene Luft.
Es war Frühling, doch ich wollte lieber den Winter,
den schönen Schnee und die fröhliche Ferienzeit.
Ich war ein Kind, doch ich wäre lieber erwachsen gewesen,
um die damit verbundene Freiheit und das Ansehen zu haben.
Ich war zwanzig, doch es wäre mir lieber gewesen,
schon dreißig zu sein,
dann wäre ich reif und gebildet gewesen.
Ich war in der Mitte des Lebens,
wollte aber lieber dreißig sein,
die Jugend und den freien Geist haben.
Ich war im Ruhestand,
doch ich wollte lieber die Jahre in der Mitte des Lebens
mit ihrer uneingeschränkten Geistesgegenwart.
Mein Leben war vorüber,
aber ich hatte nie bekommen, was ich wollte.

Jason Lehman

Gott hat die richtige Stunde und Jahreszeit für dich.

LEBE IN JEDER JAHRESZEIT MIT GOTT.

KOSTBARE WAHRHEIT NR. 35

EINE TAT IST BESSER ALS TAUSEND GUTE VORSÄTZE.

Als Jesus eines Tages sprach, rief eine Frau, die sich unter der Menge der Zuhörer befand, laut aus: „Glückselig der Leib, der dich getragen, und die Brüste, die du gesogen hast!" Darauf entgegnete Er: „Gewiß, doch glückselig, die das Wort Gottes hören und befolgen!" (Lk. 11, 27). Wenn du das Wort Gottes in die Tat umsetzt, bist du gesegneter, als wenn du die Mutter Jesu gewesen wärst.

Nur die wenigsten Träume gehen von selbst in Erfüllung. Man kann einen Menschen dadurch testen, indem man beobachtet, wie er handelt. Es ist wahrscheinlich noch keiner über irgendeine großartige Sache gestolpert, während er tatenlos herumgesessen hat. Ein bekanntes Gedicht, von einem anonymen Schreiber, lautet: „Herumzusitzen und sich etwas zu wünschen macht niemanden zu einer großen Persönlichkeit; unser guter Herr treibt dir die Fische zu, aber du musst den Köder auswerfen."

Merke dir, dass du nichts lernst, während du selbst redest. Worte, auf die keine Taten folgen, haben eine tödliche Auswirkung auf Träume. Die kleinste gute Tat ist besser als die beste Absicht. Jedes Mal, wenn du das Richtige tust, bestimmst du den Lauf der Geschichte mit. Handeln ist die angemessene Frucht der Erkenntnis. Ein Geistesblitz sollte in dir dasselbe Gefühl hervorrufen, als wenn du auf einem Reißnagel sitzen würdest – du solltest sofort aufspringen und etwas unternehmen.

„Geh hin zur Ameise, du Fauler, sieh ihre Wege an und werde weise! Sie, die keinen Anführer, Aufseher und Gebieter hat, sie bereitet im Sommer ihr Brot, sammelt in der Ernte ihre Nahrung" (Spr. 6, 6–8). „Niemand predigt besser als diese Ameise, obwohl sie kein Wort sagt" (Ben Franklin). Du kannst dir nur durch dein

Handeln Respekt verschaffen; Tatenlosigkeit führt dazu, dass man den Respekt vor dir verliert.

Für viele Menschen ist das Leben eine fade Angelegenheit, weil sie nichts investieren. Jedes Mal, wenn jemand eine Idee vorschlägt, melden sich plötzlich zehn andere, die daran auch schon gedacht, aber nichts unternommen haben. Mark Twain hat einmal gesagt: „Donner ist gut, Donner ist sehr beeindruckend, doch es ist der Blitz, der die ganze Arbeit erledigt." Dieses Buch hat dann seinen Zweck erfüllt, wenn der Leser anschließend nicht nur sagt: „Was für ein nettes Buch!", sondern: „Ich werde etwas tun!"

Der Teufel ist damit einverstanden, dass du deinen Glauben bekennst, solange du ihn nicht in die Tat umsetzt. Wenn wir beten, müssen wir gleichzeitig auch bereit sein, das zu tun, was Gott uns in Reaktion auf unser Gebet aufträgt. Die Erhörung deiner Gebete wird gewisse Taten fordern.

Die Bibel weist darauf hin, dass nur entsprechendes Handeln den Glauben lebendig macht (siehe Jak. 2, 26). Schon das Wesen eines Kindes wird an seinen Taten erkannt (Spr. 20, 11). Viele Kirchgänger singen zwar: „Wir stellen uns auf die Verheißungen", doch in Wirklichkeit sitzen sie nur auf ihrem Allerwertesten. Viele Leute wollen das Geheimnis des Erfolgs gar nicht entdecken, denn tief in ihrem Innern ahnen sie bereits, dass es mit harter Arbeit verbunden ist.

HANDLE JETZT NACH GOTTES ANWEISUNG.

KOSTBARE WAHRHEIT NR. 36

HALTE MIT GOTT SCHRITT.

Gott plant, Er ist ein Stratege. Er ist hervorragend organisiert, und Er gibt das Tempo vor. Da Er eher mit einem Marathonläufer als einem Sprinter zu vergleichen ist, hat Er unser ganzes Leben vor Augen, nicht nur den morgigen Tag. Vergiss nicht, Gott kommt niemals zu spät. Versuche niemals, Gott zur Eile anzutreiben. „Wer glaubt, wird nicht ängstlich eilen", sagt die Bibel in Jesaja 28, 16. Dringende Angelegenheiten sind selten wirklich eilig. Wir geraten meistens dann unter Zeitdruck, wenn wir uns nicht mehr mit Gottes Geschwindigkeit bewegen.

In Sprüche 16, 9 heißt es: „Das Herz des Menschen plant seinen Weg, aber der Herr lenkt seine Schritte." Und in Sprüche 16, 3 wird uns gesagt: „Befiehl dem Herrn deine Werke, und deine Gedanken werden zustande kommen." Feiglinge fangen erst gar nichts an, und die Lauwarmen sterben unterwegs. Ist Gott deine Hoffnung oder deine Ausrede?

Passe dich Gottes Tempo an; sein Geheimnis ist Geduld. Du verschwendest keine Zeit, wenn du auf den Herrn wartest. Der Weg zum Erfolg führt bergauf, deshalb solltest du nicht erwarten, einen Geschwindigkeitsrekord zu brechen. Alle bedeutenden Errungenschaften erfordern Zeit. Glück ist eine Richtung, kein Ziel.

Während der Bürgerkrieg in Amerika seine dunkelste Stunde erlebte, antwortete Abraham Lincoln auf die Frage, ob er sich sicher sei, Gott auf seiner Seite zu haben: „Ich weiß es nicht. Ich habe mir darüber keine Gedanken gemacht. Doch mir liegt viel daran, sicherzustellen, dass wir auf Gottes Seite sind." – „Die Stärke eines Menschen liegt darin, herauszufinden, welchen Weg Gott geht, und dann diesen Weg zu nehmen", sagte Henry Ward Beecher.

Wenn wir uns mit der Geschwindigkeit Gottes bewegen, gründen wir uns auf das richtige Fundament. Nichts ist von Dauer, es sei denn, es ist auf Gottes Willen und Gottes Wort aufgebaut. „Wenn der Herr das Haus nicht baut, arbeiten seine Erbauer vergebens daran" (Ps. 127, 1). „Vom Herrn her werden eines Mannes Schritte gefestigt, und seinen Weg hat er gern" (Ps. 37, 23). Bleibe nie an einem Ort, zu dem Gott dich nicht gesandt hat!

Ein Christ, der sich mit der richtigen Geschwindigkeit bewegt, ist wie ein Kerze: Sie brennt und wird doch nicht zu heiß. (Wenn du eine Kerze an beiden Enden anzündest, bist du nicht so „helle", wie du denkst.)

Jeder Mensch von großer Persönlichkeit hat zuerst gelernt, wie, wann und wem er gehorchen muss. In einem bekannten Gedicht, dessen Autor unbekannt ist, heißt es: „Den Ort, den ich wähle, oder den Platz, den ich meide – meine Seele ist mit keinem von beidem zufrieden; doch wenn dein Wille meinen Weg bestimmt, bin ich – ob ich gehe oder bleibe – frohen Muts."

GOTT HAT DEIN GANZES LEBEN VOR AUGEN, WENN ER DIR DIE RICHTUNG ZEIGT.

KOSTBARE WAHRHEIT NR. 37

Schlüsselelemente der Originalität

Einstellung

Glaube

Charakter

Entschlossenheit

Fleiß

Furchtlosigkeit

Dankbarkeit

Aufrichtigkeit

Ideen

Freude

Gutherzigkeit

Leiterschaft

Barmherzigkeit

Nonkonformität

Ziele

Gebet

Stille Zeit mit Gott

Verantwortungsbewusstsein

Sensibilität

Hartnäckigkeit

Spontaneität

Wachsamkeit

Leidenschaft

Individualität

Hingabe

Eifer

KOSTBARE WAHRHEIT NR. 38

Beim Wettlauf um Vortrefflichkeit gibt es keine Ziellinie.

Mache es dir von Anfang an zum Ziel, vortrefflich zu sein. Kein Vermächtnis ist so kostbar wie Vortrefflichkeit. Deine Lebensqualität hängt davon ab, wie sehr du dich der Vortrefflichkeit verpflichtest, unabhängig davon, was du tust. „Mit dem Leben ist das so eine Sache; wenn du dich weigerst, etwas anderes als nur das Beste zu akzeptieren, ist es sehr oft so, dass du es auch bekommst", hat Somerset Maugham einmal gesagt. Es kostet weniger Zeit, etwas richtig zu tun, als Erklärungen daüber abzugeben, warum man es falsch gemacht hat. „Es ist ein himmelweiter Unterschied zwischen ‚ein bisschen falsch' und ‚genau richtig', zwischen ‚ziemlich gut' und ‚am besten', zwischen ‚mittelmäßig' und ‚erstklassig'", sagte Orison Swett Marcen.

Wir sollten uns jeden Tag fragen: „Welchen Grund hat mein Chef, mich einzustellen und nicht jemand anderes?" oder: „Warum sollten die Leute mit mir Geschäfte abschließen und nicht mit meinem Konkurrenten?" Frank Outlaw hat gesagt: „Beobachte deine Handlungen; sie werden zu Gewohnheiten. Behalte deine Gewohnheiten im Auge; aus ihnen entwickelt sich dein Charakter. Nimm deinen Charakter unter die Lupe; er bestimmt dein Schicksal."

Ein Ausspruch von Oliver Wendell Holmes lautet: „Sünde benutzt vielerlei Werkzeuge, doch eine Lüge ist der Griff, der zu allen passt." Wer mit kleinen Unwahrheiten herumspielt, wird bald blind gegenüber der Wahrheit. Eine Lüge hat keine eigenen Beine, die sie tragen könnten – sie braucht andere Lügen. Wenn du die Wahrheit verwässerst, dann mach dich darauf gefasst, dass du nass wirst. Jedes Mal, wenn du lügst – auch wenn es sich nur um eine kleine Unwahrheit handelt –, bewegst du dich in Richtung Versagen.

Dagegen kommst du dem Erfolg jedes Mal ein Stückchen näher, wenn du ehrlich bist.

Äußere Kräfte können deinen Charakter nicht beeinflussen. Du bestimmst ihn. Man kann den wahren Charakter eines Menschen daran erkennen, was er tun würde, wenn er wüsste, dass er nie ins Licht der Öffentlichkeit treten würde. Sei mehr besorgt um deinen Charakter als um deinen Ruf, denn dein Charakter offenbart, wer du wirklich bist, während dein Ruf nur das repräsentiert, was andere über dich denken. Es ist unmöglich, Falsches richtig zu tun.

„Wer gut ist, wird unweigerlich besser werden, und wer schlecht ist, wird mit Sicherheit schlechter werden; denn Lasterhaftigkeit, Tugend und Zeit sind die drei Dinge, die niemals still stehen", sagte Charles Caleb Colton. Vor kurzem habe ich eine Plakette mit der Aufschrift gesehen: „Vortrefflich zu sein ist möglich, wenn du … dich mehr um andere sorgst, als es dir vernünftig erscheint … mehr riskierst, als andere es für klug halten … mehr träumst, als andere es für realisierbar halten … mehr erwartest, als andere es für möglich halten." Vortrefflichkeit – sie ist ansteckend: Geh du voran – löse eine Epidemie aus!

MACH ES DIR ZUM ZIEL, DICH DURCH VORTREFFLICHKEIT AUSZUZEICHNEN.

KOSTBARE WAHRHEIT NR. 39

Ist Gott mit dir schon fertig?

Wenn du noch atmest, lautet die Antwort: „Nein." Stirb nicht, bevor du tot bist! „Der Herr wird's für mich vollenden", heißt es in Psalm 138, 8. Gott ist ständig dabei, uns zu verändern und unseren Charakter zu verfeinern. Er möchte seine Verheißungen und sein Ziel für uns in unserem Leben erfüllen.

In Römer 11, 29 heißt es: „Denn die Gnadengaben und die Berufung Gottes sind unbereubar." Was Gott in dich gelegt hat, wird dein ganzes Leben lang in dir bleiben. Er möchte diese Gaben benutzen, um seinen Plan für dein Leben zustande zu bringen.

„Die Entstehung von tausend Wäldern steckt in einer Eichel", sagte Ralph Waldo Emerson. Die Erfüllung deiner Berufung ist in den Samen deiner gottgegebenen Gaben und Bestimmung enthalten.

Gott beginnt und endet mit einem „Ja". „Ich bin ebenso in guter Zuversicht, daß der, welcher ein gutes Werk in euch angefangen hat, es vollenden wird bis auf den Tag Christi Jesu" (Phil. 1, 6). Jesus ist noch nicht zurückgekommen, was also bedeutet, dass Gott mit dir noch nicht fertig ist. Gott will uns Tatkraft verleihen, um ein gutes Werk auf dem nächsten aufzubauen.

Tu nicht einfach irgendetwas Neues, strecke dich immer nach höheren Aufgaben aus. Die Schmerzen, die ein Christ erduldet, sind lediglich Wachstumsschmerzen, und diese führen zur Reife. Gottes Weg wird immer deutlicher erkennbar, je weiter wir darauf gehen. Wenn der Glaube herausgefordert wird, wächst er. „Je mehr wir tun, umso mehr können wir tun", meinte William Hazlitt.

Bessere Möglichkeiten und mehr Energie sind die Belohnung für Errungenschaften der Vergangenheit. Erfolg kehrt sich für viele

Menschen in Versagen um, wenn sie nach einem Sieg aufhören. Wenn wir das tun, was wir können, wird Gott das tun, wozu wir nicht in der Lage sind. Er ist noch nicht fertig mit dir!

WAS DU FÜR TOT GEHALTEN HAST, HAT NOCH IMMER LEBEN IN SICH.

KOSTBARE WAHRHEIT NR. 40

Setze deinen Glauben noch vor dem Frühstück für sechs scheinbar unmögliche Dinge ein.

Stell dir vor, du beginnst den morgigen Tag, wie du es noch nie zuvor getan hast. Statt nur deine Glieder zu strecken, wenn du aus dem Bett steigst, strecke dich mit deinem ganzen Wesen nach all den guten Dingen aus, die Gott für dich bereithält. Denke, plane, glaube und bete für die Situationen, die Gottes Eingreifen erfordern.

Nutze jeden Tag gleich von Anfang an aus. Die meisten Leute verlieren gleich zu Beginn des Tages eine Stunde, der sie dann den ganzen Tag über hinterherjagen. Die erste Stunde des Tages bestimmt den Verlauf des gesamten restlichen Tages. Beginne deinen Tag niemals im Leerlauf. Sei offensiv! Mache es dir zur Gewohnheit, die Initiative zu ergreifen. Derjenige, der keinen Chef braucht, ist gewöhnlich dazu prädestiniert, selbst einer zu werden. Wenn du dich selbst startest, musst du nicht von anderen angekurbelt werden.

Es ist dem Teufel eine Freude, wenn du deine Verpflichtungen aufschiebst. Es ist ihm gleichgültig, welche Pläne du hast, solange du sie nicht in Angriff nimmst. Du wirst nie ein Ziel erreichen, wenn du nicht bereit bist, ihm hinterherzujagen. Der Schlüssel für deine Zukunft liegt darin verborgen, wie du tagtäglich dein Leben angehst.

Nimm dein Schicksal in die Hand! Lass es dir nicht entgleiten. „Wenn Gott dich gerufen hat, dann schau nicht nach hinten, um zu sehen, wer dir nachfolgt" (Unbekannt). „Jeder bleibe in dem Stand, in dem er berufen worden ist" (1. Kor. 7, 20). „Die Grausamkeit und die körperlichen Schmerzen des Kreuzes waren nichts im Vergleich zu der Gleichgültigkeit der Menge am Straßenrand, die beobachtete, wie Jesus vorbeiging", sagte Allan Knight Chalmers. Führe kein gleichgültiges Leben, so, als ob Jesus nichts für dich getan hätte.

Satan zittert, wenn er sieht, dass der schwächste Christ in die Offensive geht. „Das Frühstück christlicher Champions ist frühmorgendliches Gebet", sagt Billy Joe Daugherty. Gott ist es wert, dass du Ihm deine Zeit widmest. Bringe Gott gleich von Anfang an mit ins Spiel, dann wirst du am Ende immer stark sein!

FANGE DEINEN TAG RICHTIG AN UND SCHAUE NIE ZURÜCK.

KOSTBARE WAHRHEIT NR. 41

DU WIRST GRUNDSÄTZLICH MEHR VON DEM ÜBERZEUGT SEIN, WAS DU SELBST ENTDECKT HAST, ALS VON DEM, WAS ANDERE HERAUSGEFUNDEN HABEN.

Mache dich nicht von anderen Menschen abhängig, sondern verlagere deine Abhängigkeit immer mehr auf Gott. Er ist der Einzige, der uns die Richtung weisen kann. Und doch gründen viel zu viele Menschen das, was sie glauben, tun oder sagen, auf den Glauben, das Handeln und die Worte anderer. Offenbarungserkenntnis ist nur dann Offenbarungserkenntnis, wenn du selbst sie empfangen hast. Gott kannst du am besten kennen lernen, wenn Er sich dir offenbart, und nicht durch Erklärungen Dritter.

Gott benutzt zweifellos Prediger, christliche Leiter, Bücher, christliches Fernsehen, Kassetten und andere Mittel und Wege, um unser Leben mit seiner Wahrheit anzureichern. Doch es genügt nicht, dass diese Inhalte richtig sind. Glaube wird nur dann wirksam, wenn wir selbst glauben und unseren Glauben in Anspruch nehmen. Wenn der Glaube eines anderen Menschen dir keinen Zutritt zum Himmel verschaffen kann, kann dieser auch nicht deine Berufung verwirklichen.

Es gibt zwei verschiedene Typen törichter Menschen. Der eine sagt: „Das ist altbewährt, deshalb ist es gut!“ Der andere sagt: „Das ist neu, deshalb ist es besser!“ Probiere nur dann etwas aus, wenn du selbst davon überzeugt bist; und gib eine Sache nicht auf, nur weil jemand anderes nicht von dir überzeugt ist.

Die wichtigsten Überzeugungen in unserem Leben erlangen wir nicht aufgrund dessen, was andere sagen. „Die Bibel ist so einfach, dass du Hilfe brauchst, um sie misszuverstehen", sagt Charles Capps. Die meisten Theologen versuchen, die Bibel ein dem gesunden Menschenverstand widersprechendes Buch darzustellen. Gott hat es so einfach für uns gemacht, dass wir die Wahrheit selbst herausfinden können.

John Wesley hat es am besten formuliert, als er sagte: „Als ich jung war, war ich von allem überzeugt; ein paar Jahre später, nachdem ich tausendmal missverstanden worden war, war ich nicht einmal mehr halb so überzeugt von den meisten Dingen wie zuvor; heute bin ich kaum noch von etwas anderem überzeugt als von dem, was Gott mir offenbart hat."

FINDE HERAUS, WAS DU SELBST GLAUBST, UND GLAUBE NICHT NUR, WAS ANDERE GLAUBEN.

KOSTBARE WAHRHEIT NR. 42

Irgendetwas beeinflusst den Tagesverlauf eines jeden Menschen.

Welcher Einfluss bestimmt deinen Tag? Sind es die Tagesnachrichten, dein pessimistischer Nachbar oder die Erinnerung an eine Situation, in der du versagt hast? Oder ist es Gottes Plan für dich, sein Wort in deinem Herzen, ein Lobpreislied an Ihn? Lass deinen Tag von dem Plan bestimmen, den Gott für dein Leben hat, denn wenn du es nicht tust, wird er von etwas anderem beherrscht werden.

Mittelmäßigkeit besitzt auch eine gewisse Art von Intensität. Sie möchte deinen Tag beherrschen. Sie kann jeden Bereich deines Lebens durchdringen und beeinflussen, wenn du es erlaubst. „Die Fleißigen werden nur mit manchen Versuchungen konfrontiert, die Müßiggänger jedoch geraten auf jede erdenkliche Weise in Versuchung“ (Charles Spurgeon).

Ein Frucht bringendes Leben ist kein Zufallsprodukt. Es entsteht dadurch, dass man die richtigen Entscheidungen trifft. Kleine Dreckhäufchen ergeben irgendwann einmal einen Berg. Wenn du nicht wachsam im Gebet bleibst, kann ein solcher Berg deinen Tag beeinflussen.

Wenn die Nachrichten deinen Tag beherrschen wollen, dann beeinflusse deinen Tag mit der Guten Nachricht!

Wenn die Vergangenheit deinen Tag beherrschen will, dann beeinflusse deinen Tag durch deine Träume!

Wenn Angst versucht deinen Tag zu beherrschen, dann beeinflusse deinen Tag mit entsprechenden Handlungen!

Wenn Aufschub deinen Tag zu beherrschen versucht, dann beeinflusse deinen Tag mit kleinen Schritten!

Wenn falsche Einflüsse deinen Tag beherrschen wollen, dann beeinflusse deinen Tag mit den richtigen Beziehungen!

Wenn Verwirrung deinen Tag beherrschen will, dann beeinflusse deinen Tag mit Gottes Wort!

Wenn Einsamkeit versucht deinen Tag zu beherrschen, dann beeinflusse deinen Tag mit Gebet!

Wenn Streit deinen Tag beherrschen will, dann lass den Frieden deinen Tag beeinflussen!

Wenn dein Verstand deinen Tag beherrschen will, dann lass den Heiligen Geist deinen Tag beeinflussen!

Wenn Neid deinen Tag beherrschen will, dann lass deinen Tag vom Segnen anderer Menschen beeinflusst werden!

Wenn Habsucht deinen Tag beherrschen will, dann beeinflusse deinen Tag durch Großzügigkeit.

LASS GOTT DEINEN TAG BEEINFLUSSEN.

KOSTBARE WAHRHEIT NR. 43

Mache Besseres noch besser.

Jeglicher Fortschritt ist jenen zu verdanken, für die gut genug nicht gut genug war. „Eicheln waren gut, bis Brot entdeckt wurde", stellte Sir Francis Bacon fest. Die meisten Menschen versagen, weil es ihnen an Ausdauer mangelt, neue Pläne zu entwickeln, um die bisher erfolgreichen zu verbessern.

Wenn du in einer Sache Erfolg hast, dann wage dich an etwas Schwierigeres heran. Man kann keinen größeren Fehler machen, als nach einem Sieg aufzuhören. Wenn du keine neue Idee hast, finde einen Weg, eine alte Idee auf bessere Weise umzusetzen. „Wo wir schon nichts erfinden können, können wir wenigstens etwas verbessern", meinte Charles Caleb Colton.

Suche nicht nach einer Lösung für dein Problem. Halte Ausschau nach vielen Lösungen und entscheide dich dann für die beste. Nur wer beständig mehr tut, als erforderlich ist, ist den anderen voraus. „Den Unterschied zwischen gewöhnlich und außergewöhnlich macht das kleine bisschen aus, das man *außer*dem tut", sagt Zig Ziglar.

Es gibt immer einen Weg – und es gibt immer einen besseren Weg. Wenn du etwas gefunden hast – schaue noch einmal hin! Man lernt niemals aus! Je mehr du dir etwas wirklich wünschst, desto mehr wirst du versuchen, einen besseren Weg zu finden.

Je tiefer unsere Beziehung zu Gott wird, desto tiefer dringt Er in uns ein. „Der Weise höre und mehre die Kenntnis, und der Verständige erwerbe weisen Rat …" (Spr. 1, 5). Der ärgste Feind des Besten ist das Gute. Wenn du dich mit dem zufrieden gibst, was gut ist, wirst du niemals das Beste erhalten.

„Was du lernst, nachdem du bereits alles weißt, ist das Ausschlaggebende", sagt John Wooden. Der Mensch, der denkt, er wüsste alles, hat im Grunde genommen aufgehört zu denken. Wenn du der Meinung bist, du hättest schon alles erreicht, dann wirst du den Anschluss verpassen. Der Erfolgreiche sieht weiterhin Arbeit, auch wenn er eine sichere Arbeitsstelle hat.

Setze etwas in Bewegung! „Zeige mir einen durch und durch zufriedenen Menschen und ich zeige dir einen Versager", hat Thomas Edison gesagt. „Es gibt zwei Arten von Menschen, die es nie zu etwas bringen", erklärte Cyrus H. K. Curtis seinem Mitarbeiter Edward Bok. „Und welche sind das?", fragte Bok. „Diejenigen, die das nicht tun können, was man ihnen aufträgt", entgegnete der berühmte Verleger, „und diejenigen, die *nur* das tun können, was man ihnen aufträgt." Finde einen besseren Weg und mache ihn noch besser!

GOTT HAT IMMER ETWAS BESSERES.

KOSTBARE WAHRHEIT NR. 44

GOTT HAT DICH ... GEMACHT.

Gott hat dich ungleich anderer gemacht, nicht gleichgültig.

Gott hat dich außergewöhnlich gemacht, nicht gewöhnlich.

Gott hat dich bedeutend gemacht, nicht unbedeutend.

Gott hat dich fähig gemacht, nicht unfähig.

Gott hat dich anpassungsfähig gemacht, nicht unflexibel.

Gott hat dich für Aktivität gemacht, nicht für Passivität.

Gott hat dich unentbehrlich gemacht, nicht entbehrlich.

Gott hat dich konstruktiv gemacht, nicht destruktiv.

Gott hat dich geschickt gemacht, nicht ungeschickt.

Gott hat dich unverwechselbar gemacht, nicht verwechselbar.

Gott hat dich angemessen gemacht, nicht unangemessen.

Gott hat dich mächtig gemacht, nicht ohnmächtig.

Gott hat dich zum Kopf gemacht, nicht zum Schwanz.

Gott hat dich verantwortungsbewusst gemacht, nicht verantwortungslos.

Gott hat dich zahlungsfähig gemacht, nicht zahlungsunfähig.

Gott hat dich zurechnungsfähig gemacht, nicht unzurechnungsfähig.

Gott hat dich tatkräftig gemacht, nicht tatenlos.

Gott hat dich beständig gemacht, nicht unbeständig.

Gott hat dich einsichtig gemacht, nicht uneinsichtig.

Gott hat dich widerstandsfähig gemacht, nicht widerstandslos.

Gott hat dich empfindsam geschaffen, nicht unempfindlich.

Gott hat dich entschlossen geschaffen, nicht unentschlossen.

Gott hat dich als Original geschaffen, nicht als Kopie.

KOSTBARE WAHRHEIT NR. 45

Die schlechteste Rede ist die Ausrede.

Ausreden sind die Nägel, mit denen man sich das Sprungbrett für Versagen baut. Eine Ausrede ist schlimmer und abscheulicher als eine Lüge, denn die Ausrede ist eine versteckte Lüge. 99 Prozent des Versagens wird von Menschen verursacht, die die Angewohnheit haben, Ausreden zu finden.

Wenn du ein Meister im Erfinden von Ausreden bist, wird es schwer für dich sein, dich auf irgendeinem anderen Gebiet auszuzeichnen. Halte nicht nach Ausreden Ausschau, sondern setze dich für Fortschritt ein. Jemand kann viele Fehler begehen, doch er ist erst dann ein Versager, wenn er jemand oder etwas anderem die Schuld dafür zuschiebt.

Es gibt viele Gründe, die zu Versagen führen können, aber es gibt keine einzige Entschuldigung dafür. Lass es niemals soweit kommen, dass eine Herausforderung zur Ausrede wird. Du hast die Wahl: Du kannst ein Hindernis als Ausrede benutzen oder es als eine gute Gelegenheit betrachten. Eine Ausrede wird niemals der Verwirklichung des göttlichen Plans förderlich sein.

Eine Ausrede ist nach außen gekehrter Egoismus. Wer untreu ist, wird immer eine Ausrede finden. Wer unbedingt etwas tun will, wird einen Weg finden; alle anderen finden eine Ausrede.

Ausreden gehen stets dem Versagen voraus. „Süß schmeckt dem Mann das Brot der Lüge, aber hinterher ist sein Mund voller Kies“ (Spr. 20, 17).

Man sagt, eine Ausrede sei die dünne Haut der Falschheit, die straff über eine glatzköpfige Lüge gespannt ist. Für jede Sünde hält Satan eine Ausrede parat.

Erfolg ist Glückssache. Das wird dir jeder Versager bestätigen! Es gibt immer ausreichend Ausreden für dich, wenn du schwach genug bist, um von ihnen Gebrauch zu machen. Lass dir keine Ausrede unterjubeln!

**TAUSCHE DEINE AUSREDEN
GEGEN
GUTE GELEGENHEITEN.**

KOSTBARE WAHRHEIT NR. 46

Auf den Türen zu guten Gelegenheiten steht „drücken“.

Werde im positiven Sinne aggressiv und halte Ausschau nach guten Gelegenheiten! Sie werden dir nicht in den Schoß fallen. Manche Menschen bringen es im Leben nicht sehr weit, weil sie jeder guten Gelegenheit aus dem Weg gehen und Dinge auf die lange Bank schieben. Aufschub bedeutet das Todesurteil für jede gute Gelegenheit. Sei nicht so dumm und suche in deinem Garten nach einem vierblättrigen Kleeblatt, wenn eine gute Gelegenheit an deine Tür klopft. Diejenigen, die hartnäckig und beharrlich sind, finden immer die notwendige Zeit und begegnen guten Gelegenheiten.

Achte auf große Probleme; in ihnen verbergen sich gute Gelegenheiten. Wo ein Traum geboren wird, gibt es immer auch Widerstand, Ablenkungsmanöver und Herausforderungen. Mache das Beste aus allem, was auf dich zukommt, und kümmere dich nicht um das, was aus deinem Leben verschwindet. Zeiten der Not bilden einen fruchtbaren Nährboden für Kreativität.

Für den wachen, aufmerksamen Christen sind Störungen und Unterbrechungen lediglich von Gott herbeigeführte Gelegenheiten. Die Enttäuschungen des Lebens sind in Wirklichkeit Gelegenheiten, die sich inkognito mit uns verabredet haben. Wenn Gott vorhat, etwas Wunderbares zu tun, fängt Er mit einer Schwierigkeit an. Und wenn Er etwas Herausragendes tun möchte, beginnt Er mit einer Situation, die unmöglich erscheint!

„Ein weiser Mann wird sich mehr Gelegenheiten verschaffen, als er vorfindet“, hat Francis Bacon einmal gesagt. Es ist mehr wert, eine Situation zu finden, die eine Möglichkeit eröffnet, als eine, die Reichtum verspricht. Ist dir schon einmal aufgefallen, dass es bedeutenden Persönlichkeiten niemals an Gelegenheiten mangelt? Wenn man erfolgreiche Leute interviewt, erwähnen sie stets ihre großen Pläne für die Zukunft. Die meisten von uns würden denken: „Wenn ich an ihrer Stelle wäre, würde ich mich erst einmal zurücklehnen und gar nichts tun." Erfolg schränkt ihre Träume nicht ein.

Es gibt weitaus mehr Gelegenheiten als Potenzial. Das Leben steckt voller guter Möglichkeiten, um das zu tun, wozu wir berufen sind. Jeder Einzelne kann eine ganze Menge tun. Fange mit dem an, was du tun kannst; lass dich durch das, wozu du nicht in der Lage bist, nicht aufhalten!

Noch bessere Gelegenheiten und viel Freude erhalten diejenigen, die das Beste aus den kleinen Chancen machen, die sich bieten. In dem Gleichnis über die Talente sagte der Herr zu seinem Knecht, der von dem Gebrauch gemacht hatte, was er besaß: „Recht so, du guter und treuer Knecht! Über weniges warst du treu, über vieles werde ich dich setzen; geh ein in die Freude deines Herrn" (Mt. 25, 23).

Viele Leute verstehen unter einer guten Gelegenheit die Chance, Geld zu machen, ohne es zu verdienen. Gottes beste Gaben an uns sind nicht Dinge, sondern Möglichkeiten. Und auf den Türen, die solche Gelegenheiten eröffnen, steht „drücken".

DURCHBRICH DIE KÜNSTLICHEN BARRIEREN, DIE DIR DEN WEG ZU NEUEN MÖGLICHKEITEN VERSPERREN.

KOSTBARE WAHRHEIT NR. 47

ERWEITERE DEINEN HORIZONT.

Wir leben zwar alle unter demselben Himmel, doch wir haben deshalb längst nicht denselben Horizont! Menschen mit Originalität haben immer einen größeren Blickwinkel! Wenn du deinen Horizont erweiterst, bis du fähig, das große Potenzial zu erkennen, das überall um dich herum vorhanden ist. Wenn du deinen Horizont erweiterst, wird sich deine Weltanschauung völlig verändern. Du wirst die Dinge um dich herum plötzlich mit ganz anderen Augen betrachten.

Die Anforderungen, die die Welt an uns stellt, geben einem Christen nicht vor, wie ihre Versorgung auszusehen hat. „Scheue dich nicht, einen großen Schritt zu machen, wenn es notwendig ist. Du kannst eine Schlucht nicht mit zwei kleinen Schritten überqueren" (Unbekannt). „Ziele auf die Sonne und du wirst sie wahrscheinlich verfehlen, doch der Pfeil wird höher fliegen, als wenn du ein Objekt anvisierst, das sich auf deiner Höhe befindet", sagt Joel Hawes.

Der Horizont einer gewissen Dame wurde ein für allemal völlig verändert, nachdem sie eines Tages in einem Restaurant eine Begegnung mit Picasso hatte. Sie hatte ihn gebeten, etwas für sie auf eine Serviette zu kritzeln. Und sie hatte hinzugefügt, dass sie ihm dafür gerne jede Summe zahlen würde, die diese Zeichnung seiner Meinung nach wert sei. Picasso entsprach ihrer Bitte und meinte dann: „Das kostet 10.000 Dollar!" – „Aber das hat doch nicht länger als 30 Sekunden gedauert", rief die Dame aus. „Nein", entgegnete Picasso, „doch es hat mich 40 Jahre gekostet, das tun zu können."

„Wenn nun der Sohn euch frei machen wird, so werdet ihr wirklich frei sein" (Joh. 8, 36). Jesus zu kennen macht frei, und wer in Freiheit lebt, kann weiter denken und hat einen größeren Blickwinkel. Vision zu haben ist die Kunst, Dinge zu sehen, die unsichtbar sind.

Wenn dir das, was du gestern getan hast, immer noch großartig erscheint, dann hast du heute noch nicht viel getan (*The Sunday School*). Unter einfachen Umständen wirst du niemals lernen Glauben zu entwickeln. Wenn Gott dich gestreckt hat, wirst du nie mehr auf deine ursprüngliche Größe zurückschrumpfen. Wer Angst hat, er könnte zu viel tun, tut meistens zu wenig. Stelle sicher, dass die Straße, auf der gehst, keine Sackgasse ist.

„Du wirst nie einen neuen Ozean entdecken, wenn du Angst hast, das Ufer aus den Augen zu verlieren" (Unbekannt). „Fahre hinaus auf die Tiefe …!" (Lk. 5, 4). Wir verschwenden mehr geistliche Kraft, als Wasser von den Niagarafällen stürzen. Solange du nicht versuchst, über deinen Tellerrand hinauszuschauen, wirst du niemals wachsen.

SCHAU UMHER … DANN SCHAU EIN BISSCHEN WEITER … UND DANN SCHAU NOCH EIN BISSCHEN WEITER …

KOSTBARE WAHRHEIT NR. 48

GUTE ABSICHTEN ZU HABEN IST NICHT GUT GENUG.

Du kannst deine Berufung nicht vorsichtig austesten. „Geh nicht auf Nummer sicher – das wäre das Gefährlichste, was du tun könntest!", sagte Hugh Walpole. Der zugrunde liegende Gedanke ist folgender: die Sicherheit, was du bist, zugunsten dessen aufzugeben, was du werden kannst. Wenn du nicht etwas tust, was du noch nie zuvor getan hast, wirst du niemals wachsen!

Eine Definition von „Mittelmäßigkeit" könnte lauten: das Beste vom Schlechtesten und das Schlechteste vom Besten. Potenzial bedeutet, dass du noch nicht dein Bestes gegeben hast. Gute Absichten sind wie Schecks, die jemand auf einer Bank einlösen möchte, auf der er gar kein Konto hat. Auch jeder mittelmäßige Mensch hat gute Vorsätze.

Man sagt, der größte Feind des Außergewöhnlichen sei das Gute. Akzeptiere „gut genug" nicht als gut genug! Wenn ich Durchschnittlichkeit bei anderen toleriere, wird sie auf mich abfärben. Nur ein Durchschnittsmensch ist stets in Bestform.

Wer stets Zuflucht unter seinem Stammbaum sucht, wird nie einen Platz an der Sonne ergattern. Geh los! Mache einen Anfang! „Leute, die nie mehr tun als das, wofür sie bezahlt werden, werden nie höher bezahlt werden als für das, was sie tun", sagte Albert Hubbard. Tu mehr!

Übervorsichtige Menschen brennen Brücken, die zu guten Gelegenheiten führen, nieder, bevor sie dort ankommen. Die meisten Leute, die herumsitzen und auf die Ernte warten, haben gar nichts gepflanzt. Ein Mensch der Mittelmäßigkeit möchte nicht viel und bekommt meistens noch weniger.

Eine Tat ist mehr wert als tausend gute Vorsätze. „Sicherheit ist in den meisten Fällen Aberglaube. In Wirklichkeit gibt es sie nicht, noch wird sie von den Menschen als Gesamtheit erlebt. Gefahren aus dem Weg zu gehen ist langfristig gesehen nicht sicherer, als wenn man sich ihnen völlig ausliefert. Das Leben ist entweder ein waghalsiges Abenteuer oder gar nichts“ (Helen Keller).

ERSETZE GUTE VORSÄTZE MIT GUTEN ANFÄNGEN.

KOSTBARE WAHRHEIT NR. 49

Übersieh nicht den Silberstreifen am Horizont, nur weil du nach Gold suchst.

Jesus hat die Menschen nie gelehrt, wie sie für ihren Lebensunterhalt sorgen sollen. Er hat die Menschen gelehrt, wie sie leben sollen. „Gott hat uns nicht dazu berufen, erfolgreich zu sein. Er ruft uns dazu auf, treu zu sein“, sagte Albert Hubbard. Die meisten Menschen haben ihre Aufmerksamkeit auf das falsche Ziel gerichtet. Ist mehr Geld, eine höhere Position oder größerer Einfluss dein Ziel? Das sind keine echten Ziele, sondern lediglich Nebenprodukte von Zielen.

Was ist ein echtes Ziel? – Es ist das: „Dieses Buch des Gesetzes soll nicht von deinem Mund weichen, und du sollst Tag und Nacht darüber nachsinnen, damit du darauf achtest, nach alledem zu handeln, was darin geschrieben ist; denn dann wirst du auf deinen Wegen zum Ziel gelangen, und dann wirst du Erfolg haben“ (Jos. 1, 8). Wir sollten uns darum bemühen, etwas zu werden, nicht darum, um etwas zu erreichen.

Jage nicht dem Erfolg nach! Suche stattdessen nach der Wahrheit und du wirst beides finden. „Trachtet aber zuerst nach dem Reich Gottes und nach seiner Gerechtigkeit, und dies alles wird euch hinzugefügt werden“ (Mt. 6, 33).

„Glück ist keine Belohnung – es ist eine Konsequenz. Leiden ist keine Strafe – es ist ein Resultat“, hat Robert Green Ingersoll gesagt. Gib bei allem, was du tust, dein Bestes und vertraue im Hinblick auf die Ergebnisse auf Gott. *Potenzial* ist das leerste Wort der Welt, doch mit Gott kann es bis zum Überfließen ausgeschöpft werden.

Welch kleines Fleckchen Boden reicht nach dem Tode für die, die zu Lebzeiten voller Ehrgeiz die ganze Welt gewinnen wollten! „Denn was nützt es einem Menschen, die ganze Welt zu gewinnen und sein Leben einzubüßen?“ (Mk. 8, 36). Menschen sind eigenartig: Sie geben Geld aus, das sie nicht haben, um Dinge zu kaufen, die sie nicht brauchen, um dadurch Leute zu beeindrucken, die sie nicht mögen.

Erfolg bedeutet nicht, das zu erreichen, worauf du dein Ziel gesetzt hast, sondern das zu erzielen, was du erreichen solltest. Tu das, was Gott von dir erwartet, und Er wird sich um den Rest kümmern.

**SUCHE ZUERST GOTT,
UND DIE DINGE,
DIE DU MÖCHTEST,
WERDEN DICH SUCHEN.**

KOSTBARE WAHRHEIT NR. 50

INVESTIERE IN DICH SELBST.

In regelmäßigen Abständen sendet Gott göttliche Möglichkeiten über unseren Weg, um in uns selbst zu investieren. Halte nach solchen Gelegenheiten Ausschau! Er gebraucht dazu in erster Linie sein Wort, denn es ist das beste Investitionsgut für uns. Doch Er sorgt dafür, dass wir noch viele andere „Investitionsmöglichkeiten" bekommen. Ich selbst habe viele solche Möglichkeiten in mein Leben „eingebaut": Meine Frau und ich haben beispielsweise an einem Abend wöchentlich ein „Rendezvous", was eine großartige Investition in unsere Ehe ist. Außerdem schleichen die Kinder und ich uns jeden Samstag aus dem Haus, um gemeinsam zu frühstücken. Für die Kinder und mich ist das immer eine großartige Zeit, und meine Frau hat auf diese Weise eine Verschnaufpause.

Durch alles, was du sagst oder tust, investierst du irgendwo auf irgendeine Weise. Ob diese Investition eine Dividende erzeugt oder einen Verlust einbringt, hängt von dir ab. Gib immer dein Bestes, denn was du jetzt einpflanzt, wirst du später ernten.

Einer der größten Irrtümer, dem du unterliegen kannst, ist zu glauben, du würdest für jemand anderen arbeiten. Ganz gleich wie viele Vorgesetzte du hast, in Wirklichkeit arbeitest du für den Herrn. Du darfst nicht andere Menschen als die Quelle deiner Versorgung betrachten. Deswegen ist es so wichtig, dass du von den Möglichkeiten, die Gott zur Investition gegeben hat, auch Gebrauch machst. Auf diese Weise möchte Er uns weiterbringen und uns unterweisen. Wenn ein Bogenschütze das Ziel verfehlt, sucht er den Fehler bei sich, nicht beim Ziel. „Wenn du dein Ziel verbessern willst – verbessere dich selbst!" (Gilbert Arland).

Wenn sich Wohlstand einstellt, verbrauche nicht alles. Gib einen Teil davon an andere weiter und investiere etwas davon in dich selbst. Wenn du weißt, was du willst, weißt du auch, was du dafür aufgeben musst. Die Zeit, die du damit verbringst, an dir selbst zu arbeiten, kannst du nicht damit vergeuden, andere zu kritisieren.

„Strebe danach, dich Gott bewährt zur Verfügung zu stellen als einen Arbeiter, der sich nicht zu schämen hat ..." (2. Tim. 2, 15). Investieren kostet nichts, es rentiert sich. Du kannst deine Berufung nicht erfüllen, wenn du dieses Prinzip, in dich selbst zu investieren, nicht anwendest.

NUTZE DIE GELEGENHEITEN, DIE GOTT DIR BIETET, UM IN DEIN EIGENES LEBEN ZU INVESTIEREN.

KOSTBARE WAHRHEIT NR. 51

ERWARTE DAS GEGENTEIL.

Einer der Hauptgründe, warum die Bibel geschrieben wurde, ist, uns zu lehren, das Gegenteil von dem zu erwarten, was wir in der Welt sehen. Eigentlich hat der Ausruf: „Ich traue meinen Augen nicht!“, einen sehr geistlichen Hintergrund, denn wir sind dazu berufen, im Glauben zu leben und uns nicht an dem zu orientieren, was wir sehen. Eines von Gottes „gegensätzlichen“ Prinzipien finden wir in Johannes 3, 30: „Er muß wachsen, ich aber abnehmen.“ Gott erklärt uns, dass wir geben müssen, wenn wir etwas bekommen möchten, und dass wir sterben müssen, um zu leben, und anderen dienen müssen, um in leitende Positionen zu kommen. In dieser Welt der Gegensätze – die Pat Robertson als „das paradoxe Königreich“ bezeichnet – gelten andere Regeln wie etwa: „Er geht weinend hin ... Er kommt heim mit Jubel“ (Ps. 126, 6), und „... wer sein Leben verliert um meinetwillen, wird es finden“ (Mt. 10, 39).

Wenn Furcht sich einschleicht, dann erwarte das Gegenteil – nämlich, dass Glaube in dir aufsteigt!

Wenn dein Körper Krankheitssymptome aufweist, dann erwarte das Gegenteil – nämlich, dass du von Gottes heilender Kraft berührt wirst!

Wenn sich Traurigkeit an deine Fersen heften will, dann erwarte das Gegenteil – nämlich, dass Freude dein innerstes Wesen durchströmt!

Wenn es dir an irgendetwas mangelt, dann erwarte das Gegenteil – nämlich, dass Gott all deinen Bedürfnissen begegnet!

Wenn sich Verwirrung ausbreiten will, dann erwarte das Gegenteil – nämlich, dass Gottes Friede dich tröstet!

Wenn Dunkelheit dich umgeben will, dann erwarte das Gegenteil – nämlich, dass Gottes Licht über dir aufleuchtet!

Gott wählt gewöhnliche Männer und Frauen für außergewöhnliche Aufgaben aus. „Denn seht, eure Berufung, Brüder, daß es nicht viele Weise nach dem Fleisch, nicht viele Mächtige, nicht viele Edle sind; sondern das Törichte der Welt hat Gott auserwählt, damit er die Weisen zuschanden mache; und das Schwache der Welt hat Gott auserwählt, damit er das Starke zuschanden mache. Und das Unedle der Welt und Verachtete hat Gott auserwählt, das, was nichts ist, damit er das, was etwas ist, zunichte mache, daß sich vor Gott kein Fleisch rühme" (1. Kor. 1, 26–29).

Während dein Schicksal seinen Lauf nimmt, fürchte dich nicht, wenn du manchmal das Gefühl hast, es würde dir an Weisheit mangeln und du seist schwach. Gott ist dabei, dir zu Hilfe zu kommen und dich zu gebrauchen. Die Bergpredigt ist gesprochen worden, um uns aus dem Tal der Entmutigung herauszuführen. Der Weg nach oben führt zunächst nach unten.

Das folgende berühmte Gedicht bringt dies hervorragend zum Ausdruck:

Zweifel sieht das Hindernis,
Glaube sieht den Pfad.
Zweifel sieht das Dunkel der Nacht,
Glaube sieht den Tag.
Zweifel wagt sich keinen Schritt vorwärts,
Glaube schwingt sich himmelwärts.
Zweifel fragt: „Wer glaubt so was?"
Glaube antwortet: „Ich tu das!"

Unbekannt

DER ÄUSSERE ANSCHEIN TÄUSCHT, BESONDERS DER ERSTE EINDRUCK, DEN DEINE PROBLEME VERMITTELN.

KOSTBARE WAHRHEIT NR. 52

ZUR ERINNERUNG

An: dich

Von: Gott

Datum: heute

Betreff: Was ich über dich denke

Ich möchte dich wissen lassen, dass ich dich schon gekannt habe, als es noch keine Zeit gab. Ich weiß sogar, wie viele Haare du auf dem Kopf hast. Ich habe dich aus einem ganz bestimmten Grund und für einen ganz bestimmten Zweck geschaffen. Als ich dich betrachtet habe, wurde mir klar, dass du auf wunderbare, erstaunliche Weise gemacht bist. Ich habe dich in meinem Ebenbild erschaffen.

Ich kenne ja die Pläne, die ich für dich habe; ich habe Gedanken des Friedens und nicht zum Unheil, um dir Zukunft und Hoffnung zu geben.

Ich habe dir außerdem Gaben gegeben, um dich für die Pläne, die ich für dich habe, vorzubereiten und auszurüsten. Diese Gaben, die ich dir gegeben habe, sind unwiderruflich. Weise sie nicht von dir. Übe dich in ihnen und fache sie an!

Ich möchte, dass du in folgender Hinsicht völlig zuversichtlich bist: Wenn ich ein gutes Werk in dir beginne, werde ich es auch zur Vollendung bringen, bis Jesus wiederkommt.

Auch wenn du in dieser Welt oftmals Gegenwind und schwierige Zeiten haben wirst, sollst du wissen, dass du in mir Frieden finden wirst. Sei guten Mutes! Ich habe die Welt überwunden.

Ich gehe nicht lässig mit meinen Verheißungen um. Mein Wort ist für immer und ewig im Himmel festgelegt, und auch meine Treue halte ich allen Generationen. Wenn ich etwas gesagt habe, werde ich es auch zustande bringen; wenn ich mir etwas vorgenommen habe, dann werde ich es auch tun.

Du kannst mich als deinen Zufluchtsort und als deine Stärke betrachten, eine zuverlässige Hilfe in Zeiten der Not. Übergib mir alles, was dich belastet, und ich werde dich am Leben erhalten. Ich werde niemals dulden, dass die Gerechten untergehen. Komm zu mir, wenn du müde und abgekämpft bist, und ich werde dir Frieden geben. Denn ich bin dein Fels, deine Festung, dein Befreier, deine Stärke; auf mich kannst du dich völlig verlassen. Auch wenn du fällst, wirst du nicht völlig darnieder liegen, denn ich werde dir immer wieder auf die Beine helfen.

Höre nicht auf diejenigen, die nicht an mich glauben, reihe dich nicht unter die Sünder und sitze nicht mit Spöttern zusammen. Befasse dich stattdessen lieber den ganzen Tag mit meinem Wort und erfreue dich daran. Wenn du das tust, wirst du wie ein Baum sein, der an einem Fluß wächst. Du wirst zur rechten Zeit Früchte hervorbringen, und alles, was du tun wirst, wird dir gelingen.

Zum Schluss möchte ich dich wissen lassen, dass ich dich liebe. Ich liebe dich so sehr, dass ich meinen einzigen Sohn geopfert habe. Wenn du an Ihn glaubst, wirst du nicht sterben, sondern gesund und frei werden, siegreich sein, Vergebung und ewiges Leben empfangen.

Dein himmlischer Vater

Schlusswort

Sei das Original, zu dem Gott dich gemacht hat. Gib dich nicht mit weniger zufrieden! Schau nicht zurück! Schau nach vorne und entscheide dich heute, seinen Plan für dein Leben in Angriff zu nehmen.

Denke immer daran, dass es im 1. Thessalonicher 5, 24 heißt: „Treu ist, der euch beruft; er wird es auch tun."

Über den Autor

John Mason ist der Gründer und Präsident von *Insight International.* Durch seinen Dienst ermutigt er Gläubige, von ihren Begabungen und Talenten Gebrauch zu machen, während sie Gottes Gesamtplan für ihr Leben erfüllen. Für Menschen in leitenden Positionen hat er verschiedene Handbücher verfasst und Kassettenserien produziert. Er ist Absolvent der Oral-Roberts-Universität in Tulsa, Oklahoma. Sein Fachgebiet ist Betriebswirtschaft.

Er ist zudem dazu berufen, auf besondere Weise in der Kraft des Heiligen Geistes in Gemeinden, bei Konferenzen für Männer und Frauen und christlichen Organisationen zu predigen und zu dienen.

John hatte das Glück, in einer christlichen Familie aufzuwachsen – nämlich bei seinen Eltern Chet und Lorene Mason in Fort Wayne (Indiana). Er, seine Frau Linda und ihre vier Kinder, Michelle, Greg, Mike und David, wohnen zur Zeit in Tulsa (Oklahoma).

BIBLIOGRAPHIE

Elberfelder Bibel. Revidierte Fassung, 2. Auflage. Wuppertal: R. Brockhaus Verlag 1992.

Lutherbibel. Bibeltext in der revidierten Fassung von 1984. Stuttgart: Deutsche Bibelgesellschaft 1999.

The Living Bible. Illinois: Tyndale Hause Publishers, Inc. 1971.

Hoffnung für alle. Basel: Brunnen Verlag 2000.

Überwinde Durchschnittlichkeit
John Mason
129421 127 Seiten

Mit dieser Fortsetzung seines beliebten Buches *Ein Feind, den man Durchschnitt nennt* startet der Bestsellerautor John Mason erneut einen kompromisslosen Angriff auf die Mittelmäßigkeit.

Denke über Folgendes nach:

- Nachahmung bedeutet Begrenzung.
- Aufschub ist der Dünger, der Schwierigkeiten wachsen lässt.
- Mit einem Doppelleben kommt man nicht doppelt schnell voran.
- Wenn du zwei Hasen jagst, werden dir beide entkommen.
- Erkenne deine Grenzen, dann ignoriere sie.
- Der richtige Ort um anzufangen, ist der, an dem du dich befindest.
- Es gibt keine Zukunft in der Vergangenheit.
- Tu das, wovon alle sagen, dass es nicht getan werden kann.

Laß los, was dich zurückhält
John L. Mason
129416 131 Seiten

John Masons praxistauglichen Prinzipien, biblisch fundierten Motivationstechniken und göttlichen Weisheiten werden unerfüllte Träume dorthin befördern, wo sie hingehören – aus deinem Leben hinaus!
Lass dich zum Nachdenken anregen …

- Ungeduld führt zu „Mit-dem-Kopf-durch-die-Wand"-Schmerzen.
- Beiß mehr ab, als du kauen kannst!
- Gebrauche deine Kreativität und Vorstellungskraft, um jegliche Tradition unablässig zu konfrontieren!
- Steh dir nicht selbst im Weg!
- Wenn du jemanden nachahmst, kannst du bestenfalls die Nummer 2 werden!
- Wege ohne Hindernisse führen nirgendwo hin!

Erkenne deine Berufung
Wie du in die göttliche Bestimmung für dein Leben hineintrittst
Mike Murdock
129430 195 Seiten

Dies ist kein Gabentest! Das Problem mit den Gabentests war, dass sich Christen mit ihren angeblichen Gaben und Berufungen stolz brüsteten, obwohl sie in ihrem Leben nicht sichtbar wurden. Im Gegensatz dazu leitet dich dieses Buch an, dich selbst zu analysieren. Alles, was du entdeckst, wird dir Eigenverantwortung abverlangen. Jede Berufung und Aufgabe, zu der Gott dich bestimmt, bringt Arbeit, Verantwortung und Verpflichtung mit sich. Wenn du dies wirklich erkennst, bist du so beschäftigt, dass das Letzte, was dich interessiert, ist, mit deiner Berufung anzugeben. Wer wirklich weiterkommen will, wird dieses Buch nicht nur einmal lesen.

Kommunikation, Sex und Geld
Die drei häufigsten Beziehungsprobleme zwischen Mann und Frau
Edwin Louis Cole
129418 167 Seiten

Der Mann wurde geschaffen, um die Herrlichkeit Gottes widerzuspiegeln. Nur wenn ein Mann es zulässt, dass Gott in den privatesten Bereichen seines Lebens arbeitet, kann er die Fülle dessen empfangen, was die Herrlichkeit Gottes ihm zu geben hat, und nur dann wird er seine Beziehung mit Gott und allen anderen, die Anteil an seinem Leben haben, nicht vernachlässigen. Verstehe die drei wichtigsten Elemente, aus denen eine beständige Beziehung aufgebaut ist. In der heutigen verdrehten Gesellschaft gibt es drei wesentliche Problembereiche zwischen Mann und Frau: Kommunikation, Sex und Geld.

Porträts mutiger Männer
Edwin Louis Cole
129420 217 Seiten

Das neueste Buch des Autors von *Total Mann sein* und *Man(n) ist Mann* enthält ermutigende Lebensgeschichten von demütigen Männern, die trotz einer Vielzahl von Schwierigkeiten standhaft blieben. Durch diese Vorbilder kannst du herausfinden …

- wie du dich der Realität stellen, Nöte zugeben, Veränderung vorantreiben und an deinen Überzeugungen festhalten kannst.
- welche Geheimnisse zu Erfolg, Achtung und Zufriedenheit führen.

Der Köder des Feindes
Deine Reaktion bestimmt deine Zukunft
John Bevere
129415 235 Seiten

- Musst du immer deine Version der Geschichte erzählen?
- Bist du leicht misstrauisch und neigst zu Unterstellungen?
- Drehen sich deine Gedanken ständig um deine alten Verletzungen?
- Hast du resigniert, weil dir jemand etwas angetan hat?

Dieses Buch deckt eine der heimtückischsten Fallen auf, mit deren Hilfe Satan versucht, dich von Gottes Willen abzubringen – Ärgernisse und Kränkungen.

Handbuch zum Selbststudium zu *Der Köder des Feindes*
John Bevere
129432 118 Seiten

Ich und meine große Klappe
Die Antwort befindet sich direkt unter deiner Nase
Joyce Meyer
129426 211 Seiten

Scheint es dir, als ob dein Mund seinen eigenen Willen hat? In diesem Buch wirst du lernen, wie du deinen Mund schulen kannst, die Worte zu sprechen, durch die du in deinem Leben überwindest. Die internationale Bestsellerautorin hebt hervor, dass du das Bekennen von Gottes Wort immer mit einem Leben in absolutem Gehorsam gegenüber Gottes Wort koppeln musst, wenn du in deinem Leben die ganze Kraft Gottes erleben möchtest.

Schönheit statt Asche
Empfange Heilung für deine Emotionen
Joyce Meyer
129427 **170 Seiten**

Es gibt unzählige Bücher über körperliche Heilung und jetzt auch endlich ein empfehlenswertes Buch über emotionale Heilung. Nicht auf der Basis von Psychologie, Meinungen oder Gefühlen, sondern auf dem unerschütterlichen Fundament des Wortes Gottes gegründet. Es ist keine theoretische Abhandlung, denn Joyce Meyer war selbst Opfer von körperlichem und sexuellem Missbrauch als Kind. Sie beschreibt die wichtigsten Wahrheiten, die Heilung in ihr Leben brachten. Sie können auch dich freisetzen.

Richtig mit Gefühlen umgehen
Wie du vermeidest, dass deine Gefühle dein Handeln bestimmen
Joyce Meyer
129428 ca. 295 Seiten

Unsere Gefühle spielen eine wichtige Rolle dabei, dass wir ein glückliches, gesundes und erfolgreiches Leben führen. Alle Gefühle, angefangen bei Liebe und Freude bis hin zu Ärger und Angst, spielen eine wichtige Rolle um uns selbst und andere zu verstehen. Sie helfen uns, die Wunder des Lebens zu entdecken, und warnen uns davor, wenn wir in Gefahr sind. Gefühle sollen unser Leben bereichern, es jedoch nicht bestimmen!
In diesem lebensverändernden Buch offenbart Joyce Meyer kraftvolle Wahrheiten aus Gottes Wort, die dir helfen werden, deine Gefühle in die richtige Richtung zu dirigieren.

Diese Bücher sind erhältlich bei allen christlichen Buchhandlungen oder direkt bei:

Adullam Verlag
St.-Ulrich-Platz 8
85630 Grasbrunn
Tel. 089 468801
Fax 089 46201790
www.adullam.de

Gerne senden wir den aktuellen Katalog über das ganze Sortiment, neue Bücher, Projekte und Termine zu.